쌍둥이 아빠의
지중해 섬나라
(몰타)에서 1년 살기

쌍둥이 아빠의
지중해 섬나라 (몰타)에서 1년 살기

| 유럽 여행기 |

Adam Oh 지음

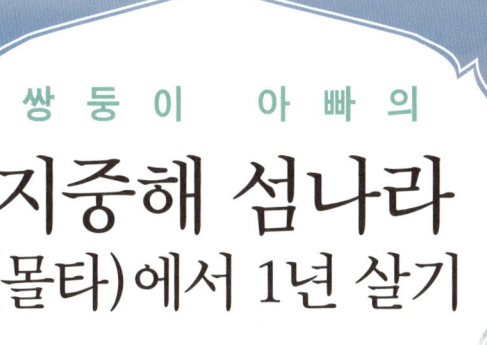

"행복을 찾아 떠난 가족의 몰타 1년살이"

몰타는 유럽 남부 지중해의 중심에 위치한
제주도의 6분의 1 규모(강화도 크기)인 작은 섬나라이다

좋은땅

‖ 목차 ‖

프롤로그 몰타 갈 결심 ··· 6

Part 1 몰타

1. 몰타란 ··· 12
2. 몰타 가족연수 ··· 15
   1) 성인 어학연수 ··· 15
   2) 자녀 조기 연수 ··· 26
3. 몰타 생활 ··· 38
   1) 비자 및 신청 방법 ··· 47
   2) 유럽 영주권 ··· 56
   3) 치안, 의료시설(보험) ··· 57
   4) 외국인들과의 교류 ··· 59
4. 즐거운 몰타 ··· 62
   1) 몰타 관광지 ··· 62
   2) 즐길 거리 ··· 80
   3) 먹거리 ··· 85
5. 내가 본 유럽 문화 ··· 90
6. 각종 유용한 정보 ··· 98
7. 몰타에서 만난 인연 ··· 109
8. 한류를 직접 느끼다 ··· 138

Part 2 여행의 여행을 가다 (유럽 여행기)

1. 너는 자유이니? 스페인, 포르투갈(이베리아반도)　⋯ 143
　1) 여행준비　⋯ 143
　2) 여행지에서　⋯ 145
　3) 감상　⋯ 189
2. 여행의 여행의 여행을 가다(지중해 크루즈 7박 8일)　⋯ 192
　1) 여행준비　⋯ 192
　2) 여행지에서　⋯ 198
　3) 기항지 여행　⋯ 207
　4) 감상　⋯ 222
3. 노르웨이 피요로드 정복(작전명: 북극의 곰)　⋯ 224
　1) 여행준비　⋯ 225
　2) 여행지에서　⋯ 230
　3) 감상　⋯ 253

에필로그 연수를 끝내며　⋯ 258

프롤로그

몰타 갈 결심

우선 저는 대한민국 기업에 다니고 있는 현재 49세이고, 10세 남녀 쌍둥이를 두고 있는 한 가정의 가장입니다. 대학시절 유럽에서 자원봉사를 경험한 이후 줄곧 서구권에서 한 번 살아보는 게 인생 목표였습니다. 18년 말에 회사에서 보내 주는 MBA 과정에 선발된 후 1년간 유학 공부 후 20년 상반기에 미국 유수 대학원 MBA School 입학허가서까지 받고 20년 하반기 입학을 앞두고 있었습니다.

하지만, 전혀 예기치 못했던 큰일이 발생했습니다. 20년에 전 세계를 위협했던 코로나가 시작되었고, 회사에는 미국행 인사발령까지 받아 둔 상태에서 고심을 거듭하다 취소를 선택하게 되었습니다. 입안으로 들어온 사탕을 스스로 내뱉게 되어 아쉬움과 후회가 깃든 힘든 시기를 보내게 되었습니다. 아내에게는 쉽게 갈 수 있었던 중동 현장은 언제든 갈 수 있다 하며 설득해 미국이나 유럽권 진출을 모색하였는데, 오랫동안 고대해 왔던 해외에서 생활해 볼 수 있는 기회를 날려 버렸습니다.

안팎으로 힘든 시기를 보내며 회사 업무에도 집중하지 못하는 저를 발

건하고는 회사에 양해를 구해 휴직을 해서라도 서구권에서 살아 봐야겠다며 마지막 카드를 생각하게 되었습니다. 저는 '한번 태어난 인생인데, 내가 하고 싶은 거 하면서 사는 게 내 인생이다.'라는 생각을 가지고 있습니다. 22년에 코로나가 어느 정도 안정화되어 가고 있어서 미국, 영국, 캐나다, 호주, 뉴질랜드 등 영어권 국가에서의 가족 연수를 알아보았습니다.

예전에 중, 고등학교 학창 시절에 교훈처럼 내려오는 말이 있었습니다. **'마지막에 웃는 자가 승자'**이다. 이 말은 아무리 생각해도 최후에 웃기 위해서는 끝까지 최선의 노력을 기울여야 한다는 말일 것입니다. 하지만 이 말은 시대의 변화에 따라 바뀌어야 한다고 생각합니다. **'인생에서 자주 웃은 자가 승자'**이다. 인생에서 자주 웃기 위해, 행복을 위해 회사 내 커리어를 잠시 내려놓기로 하였습니다.

대학 4학년 무렵 데이트도 즐겨하고, 후배들 밥도 사 주며 들어오는 용돈에 비해 돈 쓸 일이 많았습니다. 그때 잠시 힘들기는 했어도, 신용카드를 만들어 연체하며 때로 200만 원이 넘게 쌓이기도 했습니다. 늘어가는 카드 요금을 보며 힘들기도 했지만, 그 시절을 돌이켜 보면 얼마 안 있어 취업할 생각을 하며 500만 원 정도만 대출을 했었더라면 더 여유 있는 마지막 대학생활을 보낼 수 있었을 것이라는 지난 시절에 대한 후회가 있었습니다. 대학시절, 시간은 많지만 돈이 부족하였고, 회사에 들어가니 금전적으로 여유가 있었지만 하고 싶은 것 할 시간이 턱없이 부족하였습니다.

나중에 은퇴하고 나서 가족과 함께 해외에서 1년 정도는 거주할 수 있겠지요. 하지만 아이들 중, 고등학교 때 나가는 것은 학업상 힘들고, 애들 대학생이 되면 아내와 저는 나이가 들어 기력이 부족할 것입니다. 또한 여행을 가도 좀 더 젊었을 때 관광지를 볼 때가 더 감흥이 있고, 나이가 들수록 감흥이 덜한 것을 느꼈습니다. 지금 애들 7, 8살 때가 언어 배우기가 가장 좋은 시기이고, 부모님 말도 제일 잘 듣는 시기이고, 애들에게는 다른 언어를 배우기 가장 효과적인 시기이며, 아내와 나에게는 나이 들어 기력이 없지 않은 가족에게는 최적의 시기라 판단했습니다.

잠시 경제적인 손실이고, 회사 커리어상 손해이지만, 나중에 나이 들어 돌이켜 보았을 때 정말 후회 없고, 가족 모두에게 아름다운 추억이 될 것이라 판단해서, Go 하기로 결정했습니다. 미래 가치 일부를 현재로 땡겨서 사용하기로 결정하였습니다.

영어를 배우기에는 원어민 국가인 미국, 영국, 캐나다만 한 나라는 없지만, 비자나 비용 등을 생각해야만 했고, 미국은 아픔이 있는 곳이고, 물가와 비자 상황을 고려했을 때도 적절하지 않았고, 영국은 물가와 날씨를 고려했을 때 우리에게 최적의 선택지는 아니었습니다. 호주와 뉴질랜드는 당시 코로나로 인해 입국에 제한이 많았습니다.

캐나다는 좋은 옵션이었습니다. 캐나다 할리팩스와 몬트리올 두 지역은 부모가 어학연수만 하여도 자녀의 무상교육이 가능합니다. 그 외 다른 지역은 부모 중 한 사람이 공립컬리지 이상의 과정에 입학하여야만 자녀의 무상교육이 가능합니다. 좀 더 따뜻한 캐나다 할리팩스와 몰타를 최종적으로 비교하였습니다. 캐나다는 원어민 영어라는 큰 장점이 있는 반면 겨울에는 무척 추우며, 몰타의 장점은 유럽의 일부라 유럽 여행을 쉽게 할 수 있다는 것과 비교적 물가가 싼 편이고 또한 날씨가 따뜻하고 좋다는 점에 더욱 끌렸습니다. 아내는 여름철에 수영하는 것을 좋아하고, 추운 날씨는 딱 질색이라 최종적으로 몰타로 결정하였습니다.

나중에 몰타에 들어온 이후 비슷한 시기에 한국에서 온 가족들과 만나 얘기해 보니 다들 비슷한 이유에서 몰타를 선택하였다는 것을 알게 되었습니다.

주변 반응

회사의 친한 사람들과 회사 밖 지인들에게 가족연수 계획이 실행 단계로 접어들 때쯤 제 결심을 조금씩 얘기하였습니다. 회사 내 7살 정도 많은 형과 자주 보던 동기는 1년 휴직해서 해외 가는 걸 생각만 하지 그걸 행동으로 옮기느냐면서 신기해하였고, 한 후배는 형은 참 남다른 사람이라고 웃고, 다른 후배는 그런 말만 하고 말 줄 알았는데 실행에 옮겨서 놀랍다고 했습니다.

아내가 사교성이 좋아 여러 친한 지인들이 있는데, 그중 친하게 지내던 언니의 남편이 회사 내 커리어를 포기하고 젊어서 가족과 1년 휴직하고 해외에서 추억을 쌓으러 간다는 말을 듣고 굉장히 시대를 앞서가는 사람이라며 칭찬과 부러움이 담긴 말을 건넸습니다. 자기가 가져 보지 않았던 것이 부러웠나 봅니다. 그 형부는 중국에서 부동산 개발회사의 부회장까지 하며 젊어서 재산을 쌓아 조기에 은퇴, 경제적으로 자유롭게 한국에서 가족과 함께 여유로운 삶을 사는 사람입니다.

어머님은 좋아하는 어린 손자·손녀들을 못 보는 게 내심 아쉬워하는 눈치였지만, 너네들 인생 너네들이 알아서 하라며 한 말씀만 하셨습니다. 장모님은 해외에 가서 1억을 쓰면, 1년 연봉을 합쳐서 2억을 버리는 거라며 혀를 찼었고, 장인어른은 나라면 회사를 휴직하고 어린 애들을 데리고 가장으로서 그렇게 멀리까지 가서 사는 건 못 하겠다며 놀라워했습니다.

Part 1
몰타

1. 몰타란

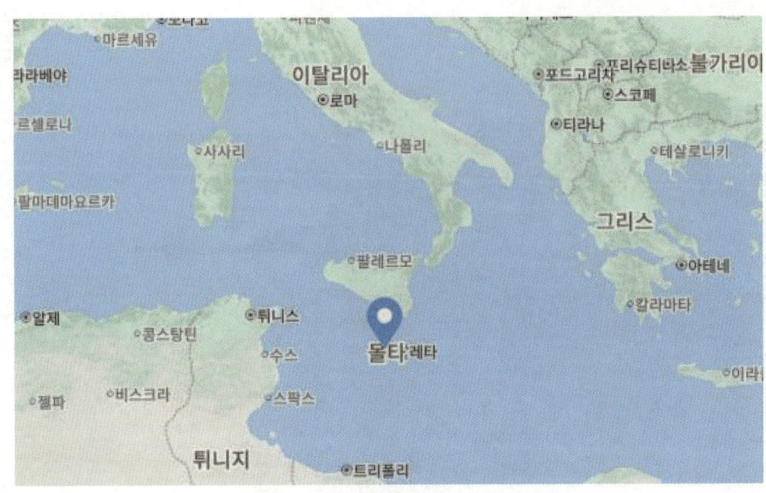

몰타 위치

수도	발레타(Valletta)
면적	320Km² (제주도의 1/6 규모)
인구	54만 2,625명(세계 172위) - 2025년 기준
언어	몰타어, 영어
기후	온화한 지중해성 기후, 연중 300일 이상 화창한 날씨
종교	카톨릭
1인당 GDP	44,140달러(25위) (한국 36,132달러, 30위) 2024년, IMF 기준
통화	유로(Euro)

몰타는 유럽 남부 지중해의 중심에 위치한 제주도의 6분의 1 규모(강화도 크기)인 작은 섬나라이다. 역사적으로 유명한 고대 식민지였으며, 로마, 비잔틴, 그리스, 아라비아, 프렌치, 브리티쉬 등의 다양한 문명에서 영향을 받아 왔다. 1816년부터 영국의 식민지였으나 1964년 독립하여 영연방 국가로 가입하였고, 2004년 유럽연합 정식회원국에 가입하였다.

몰타는 이탈리아처럼 로마 카톨릭이 많은 나라로서 국민 96%가 카톨릭교를 믿고, 성당과 카톨릭 건물들이 많다. 몰타의 수도 발레타는 도시 전체가 중세 유럽 양식이 잘 보존된 유네스코 세계 문화유산으로 화려한 카톨릭 문화를 자랑한다.

몰타는 이탈리아 시칠리아 섬 남쪽 93km에 위치해 있어 이탈리아 등

서유럽의 영향을 많이 받았으며 지중해 연안 국가로 300일 이상의 맑은 날씨와 천혜의 자연환경으로 지중해의 대표적인 관광지이자 휴양지 그리고 어학 연수지로 유명하다.

몰타는 몰타어와 함께 영어를 공용어로 쓰고 있다. 영어를 배우기 위한 어학 연수지로 미국의 지배를 받은 필리핀과 비교할 수 있다. 하지만 필리핀과 비교 우위의 확연히 좋은 점이 있다. 몰타는 유럽에 위치하여 있고, 치안도 필리핀에 비해 훨씬 안전하다.

2. 몰타 가족연수

1) 성인 어학연수

유학원 및 어학원 선택

유명 검색 엔진에 몰타 어학연수라고 치면 많은 광고를 볼 수 있다. 그 중 몰타 현지에서 활동하는 유학원이 2개 있는데, 대표적인 유학원이 몰타 스토리이다. 유학원을 통하지 않고, 어학원으로 바로 등록하는 게 금전적으로 유리할 수 있냐는 생각이 드는데, 이는 잘못된 생각이다.

유학원을 통해 어학원을 등록하는 게 훨씬 이득이다. 유학원은 학생을 통해 이윤을 남기는 게 아니라 어학원에서 커미션을 받고, 또한 유학원을 통하게 되면 프로모션 적용을 받아 더 저렴하게 어학원을 등록할 수 있고, 어학원뿐만 아니라 몰타 내에서 문제가 생길 경우나 현지의 여러 가지 사항에 대하여 관리를 받을 수 있다. 몰타 스토리는 유학원을 통해 어학원 등록하기만 하면 모든 서비스가 가능하다. 다른 유학원은 서비스별로 책정해 놓은 비용을 지불하여야 한다.

몰타 어학원은 대형 어학원인 EC, EF, IELS(LAL) 3개가 있고, 중소형 어학원도 20개 이상이 있다. 이 세 대형 어학원은 전 세계에 체인점이 있어 잘 알아보면 연계가 가능한 부분도 있다. 난 이 어학원들 중 집에서 제일 가까운 IELS에 10개월을 등록하였다. 대형 어학원에 등록하면 중소형에 비하여 약간 비싼 만큼 들어오는 학생들 수준이 조금 다르고, 좀 더 체계적인 면이 있고, 중소형 어학원은 가족적인 분위기에 화기애애한 장점이 있다.

EC 어학원은 30세 이상 반이 있어 20대 대학생 그룹과는 틀리게 30대 이상 사람들만 모아서 만든 반을 운영한다. 젊은 분위기보다 어느 정도 연륜이 있고, 사회생활을 한 사람들과 교류하고 싶은 사람은 이런 반이 좋다.

EF 어학원은 세계에서 가장 규모가 큰 사립 교육기관이고, 몰타에서도 제일 비싼 어학원이다. 들리는 말로는 타 어학원 학생을 무시할 정도로 프라이드가 강하다는 말도 있고, 그네들끼리만 어울린다는 설도 있다.

IELS 어학연수 생활

학원은 오전 수업반은 8시 45분이나 9시에 시작하여 90분 수업 후 중간에 15분을 쉬고 12시나 12시 15분에 마치는 형태로 3시간 수업을 한다. 원래 45분씩 4시간 수업인데 2시간씩 붙여서 1시간 30분씩 2번 수업을 한다. 내가 다녔던 IELS뿐만 아니라 몰타의 대부분 학원이 이런 식으로 수업을 운영한다. 요일별로 오전, 오후 수업을 번갈아 하는 학원도 있다. IELS도 학생 수가 많았을 때 잠깐 이런 방식으로 운영을 하였다.

먼저 반 배정에 앞서 간단한 테스트를 하는데, 객관식으로 문법과 어휘 테스트를 하고 스피킹 테스트를 따로 한 후 반을 배정받는다. 난 Advanced 바로 밑의 반인 Upper Intermediate 반을 배정받았는데, IELS에서만 10개월간 다니려니 스트레스 받지 않고, 천천히 즐기며 영어를 배우려 했다.

수업은 학생비자와 연관되어 있어서, 최소 한 주에 20시간 이상을 등록하고 전체 출석률 75% 이상을 넘어야 비자가 유지된다. 24주 이상을 등록하면 4주간의 방학을 쓸 수 있다. 최대 2주간을 붙여서 쓸 수 있다. 16주~23주 등록 시에는 2주간의 방학을 받는다. 하지만 나중에 알게 되었지만, 난 학생 비자가 아니라 가디언 비자를 얻어서 언제든 방학을 신청할 수 있었다.

오후 수업반 또한 비슷하게 이루어진다. 다들 오전 수업반을 원하는 분위기여서 처음에 오후 수업반으로 배정되었는데, 나중에 유학원을 통해 애들 통학을 책임져야 한다고 말하여 오전으로 바꾸어 달라고 했더니 쉽게 변경해 주었다.

심화반으로 스피킹 반이 항시 오픈되어 있다. 12시 30분부터 2시까지 1시간 30분 운영을 하고, IELTS 시험대비반을 요청하여 수요가 생기자 수업을 오픈하여 동일한 시간대에 운영을 하였다. EC는 항시 IELTS 시험 대비반이 개강 중에 있다고 들었다. IELS 학원 홈페이지에 나와 있는 수업들이 모두 이루어지고 있지는 않았다. TOEIC 시험 대비반은 유럽이라 아예 없었다. 1:1 수업은 수업료가 비싸지만, 일주일치 General English 수업을 2.5시간 1:1 수업으로 교환할 수 있다.

나는 1년 가까이 수업을 등록한 장기생이다. 나처럼 오래 등록한 학생은 많지 않다. 다들 1년 등록했다니 놀라는 분위기였다. 유럽에서 온 사람들은 휴가차 1, 2주 정도 오고 길어도 여름 방학 2달 정도 오는 경우가 대부분이다. 반면 일본에서 1년 가까이 등록한 사람이 있었고, 남미에서 6개월 가까이 등록한 사람들이 있었다. 일본이나 한국에서 온 사람들은 수업 외 나머지 시간을 즐기는데 할애한 반면, 남미 학생들은 수업 외 시간에 몰타에서 아르바이트를 하거나, 온라인으로 일을 하였다. 유럽 애들은 휴가 겸해서 왔으니 당연히 즐기는 데 시간을 보냈다.

Upper 반에서 3개월 있다가 책 한 권이 끝나면 Advanced 반으로 시험을 쳐서 갈 수 있다. 한국인들과 일본인은 문법에 강하지만, 문법 레벨만큼 스피킹은 잘 안 된다. 반면 남미, 유럽인들은 말은 잘하는데, 문법에서 엄청 힘들어하였다. 한국이나 일본 사람들은 문법을 자국어로 배워서 익숙하였고, 남미와 유럽인들은 어순과 어휘가 자국 언어와 비슷하기에 말은 능통하였다. 우리 아이들과 같은 반 친구인 프랑스에서 온 아밀리아가 있는데, 그 엄마를 같은 반에서 몇 달간 함께 공부하게 되었다. 아밀리아 엄마도 옆에서 수업시간에 말은 술술 했지만, 문법 문제가 나오면 말 그대로 두 손을 들고 한숨을 쉬었다. 난 10개월 등록했기에 절반은 Upper 반에서, 나머지 절반은 Advanced 반에서 수업받을 계획으로 5개월 되던 달에 시험을 쳐서 윗반으로 옮겨 갔다. 마침 3개월쯤 지나 내가 Upper 반 교재 한 권이 끝날 때쯤 담임인 안나 K 선생님이 Advanced 반 교재와 수준 차이가 2단계나 난다며, 교재를 한 단계 수준 높은 교재로 바꾸어 3개월 만에 Advanced 반으로 갈 필요가 없어졌다.

　IELS에서 Advanced 반은 하나만 있다. 선생님인 지나 수업을 들은 학생들 대부분의 반응이 수업이 너무 재미없다는 것이었다. Upper 반인 안나 K 선생님은 수업 시간에 종종 단어 게임도 하고, 배운 단어로 프레젠테이션 발표(자기 나라 관광지 발표나 여행 간 나라 소개하는 등)도 시키고, 수업을 다양하고 재미있게 구성하였다. 반면, 지나 선생님은 아는 건 많은데 수업이 이론 위주로 행해져 가뜩이나 어휘나 구어가 어려운데, 정말 지루해서 한 달여 정도 듣다가 이런 구어체 어휘나 고급 어휘까지 배울 필요가 있냐는 생각이 들었다. 나는 말도 잘 안 되는데 나에게 맞지 않는다 싶어 아내에게 수업권을 주고, 스피킹 반을 신청해 달라고 유학원 원장에게 말했다. 때마침 스피킹 수업이 주당 50유로로 반값 할인에 들어간 시기였다. 말하고 나서 런던-파리 여행 갔다 왔더니 원장님이 가족에게 수업권 이양이 쉽지 않아, 내가 한국으로 돌아갔다고 거짓말을 하고 수업권을 아내에게 이양하는 바람에 나는 스피킹 수업도 듣지 못하게 되었다.

어학원 선생님들은 국적이 다양했다. 몰타인부터 시작하여 이탈리아, 아일랜드, 영국 선생님도 있었다. 우리 담임은 처음에는 몰타인이었는데, 초기에 발음을 못 알아들어 고생했지만, 수업을 재미있게 진행하고, 문법을 알차게 가르쳐서 인기가 많았다. 그 선생님이 학원을 그만두고 다음 선생님이 영국 국적의 선생님이었다. 아빠가 영국인이고, 엄마가 폴란드인이었다. 영국 대학교에서 박사학위를 틈틈이 공부하고 있었다. 아일랜드 선생님은 IELTS 수업 때 들었는데, 발음이 매우 정확해서 Upper 반도 가르치냐고 물었는데, 많은 학생들이 같은 질문을 많이 한 것 같았다. 자기 반에 들어오려면 intermediate 반으로 한 단계 낮춰야 한다고 희생이 필요하다고 했다. 몰타인 선생님들도 때로는 발음을 영국식으로 고쳐서 발음이 좋은 선생님도 있었다.

시니어 연수 고민

어학연수를 고민하는 시니어들에게 드리는 시 한 편입니다. 제가 유학원 카페에 남긴 글입니다. 읽어 보시면 고민에 대한 실마리를 얻으실 수 있을 것입니다.

꽃 - 김춘수

내가 그의 이름을 불러주기 전에는
그는 다만 하나의 몸짓에 지나지 않았다
내가 그의 이름을 불러주었을 때
그는 나에게로 와서 꽃이 되었다
내가 그의 이름을 불러 준 것처럼
나의 이 빛깔과 향기에 알맞은
누가 나의 이름을 불러다오
그에게로 가서 나도 그의 꽃이 되고 싶다
우리들은 모두 무엇이 되고 싶다
너는 나에게
나는 너에게
잊혀지지 않는 하나의 눈짓이 되고 싶다

청춘시절에 읽은 김춘수의 유명한 시 '꽃'을 약간 바꾸어 보면요.

청춘들이 저의 이름을 불러주기 전에는
저는 다만 하나의 40대 꼰대 아저씨에 지나지 않았습니다
유럽, 남미 10대, 20대 청춘들이 저의 이름을 Adam이라 친구라

불러 주었을 때
저는 다시 20대로 돌아왔습니다
그대가 나의 이름을 불러 준 것처럼 내가 20대로 돌아온 것처럼
나처럼 몰타로 연수하러 온 노땅들에게
누가 그의 이름을 불러 다오
그에게도 청춘의 느낌을 주고 싶습니다.
노땅들은 모두 청춘이 다시 되고 싶어 합니다
너는 나에게
나는 너에게
이름을 불러 잊혀지지 않는 20대 청춘으로 돌아가 보아요

내 마음을 열고 20대, 30대 청춘들과 교류하는데 내 속에 '나는 무엇 때문에 안 된다.' 이런 마음속 장애물을 거두고 마음을 오픈한다면, 그들은 전혀 거리낌 없이 다가올 것이다. 서구권이나 남미권은 경험상 나이 개념이 없어 친구처럼 지낼 수 있다.

숙소 선택

숙소를 선택할 때 혼자 가게 되면 선택의 폭이 넓다. 어학원이 운영하는 숙소부터 유학원(몰타 스토리의 경우) 연계 숙소 또는 현지 부동산을 통해 얻을 수 있다. 한국인 대부분은 몰타 스토리 연계 숙소에 머무르는 경우가 많았다.

가족 동반의 경우 처음에는 몰타 스토리 연계 숙소나 도움을 받아 임시 거처를 마련한 뒤 몰스 연계 숙소에 계속 거주하거나 현지 부동산을 통해 새롭게 구할 수 있다. 우리가 도착했을 때에는 현지 숙소 사정이 여유가 있어 몰타 스토리가 안내한 연계 숙소에 1년간 머물렀다. 나중에 부동산이나 페이스 북(Rent in Malta로 검색)의 현지 광고나 주인들이 직접 올린 숙소 광고를 통해 여러 집을 구경하였고, 최종적으로 지인을 통해 한국 가족이 머물다가 떠나는 시점에 맞추어 그 집으로 이사를 하게 되었다.

어학원에 딸린 숙소는 대부분 2인 1실이라 외국인들과 함께 지내게 되는 경우가 많은데 장단점이 있다. 몰스 연계 숙소는 한국인들이 머물다 간 곳이라 좀 더 깔끔하고 시설이 좋은 편에 속한다.

처음에 우리가 머문 집도 몰타 스토리 연계 숙소인데, ST Hotel에서 운영하는 곳이었다. 호텔로 잡혀져 있어 비자를 받는 데 훨씬 유리하였다. 이전까지 한국인 가족이 1,000유로를 내고 있다가 간 곳으로 방 2개에 화장실 2개, 거실과 주방이 딸려 있는데, 우리는 매월 1,200유로를 지급하였다. 처음 몰스 원장님께 1,200유로짜리 숙소를 찾아 달라 요청하였다. 22년도가 넘어가 23년 1월부터 호텔에서 1,400유로로 가격을 인상하였는데, 몰스에서 200유로를 6개월간 대신 내주었다. 이 돈은 어학원에서 받는 커미션으로 커버한 것 같았다.

　1년 지낸 뒤(23.7월) 아내가 아이들이랑 6개월 더 지내다 가고 싶다고 해서 호텔 측에 계약 연장을 요청했더니 1,600유로를 불러 이사를 결정하였다. 코로나가 풀리고 현지 숙박 수요가 넘쳐나니 가격을 막 불렀다. 에어비앤비로 돌리니 장기 렌털보다 훨씬 상업적 가치가 더한 모양이었다.

첫 숙소는 길쭉한 형태의 몰타의 전형적인 아파트였는데, 우리는 무엇보다 위치가 마음에 들었다. 애들 학교 건물 바로 뒤편이라 끝 방 테라스에서 학교 뜰(운동장이라고 하기에는 너무 작은)이 보여 체육시간 중에 뛰노는 모습을 볼 수 있었다. 가끔 우리 애들도 친구들과 뛰어노는 모습을 봤는데, 애들이 학교에서 적응하는 분위기를 몰래 볼 수 있어서 좋았다. 또한 숙소 건물 바로 옆에는 큰 오리엔탈 마켓이 있었는데, 요리 중에도 필요한 경우 계란이나 김치 등을 바로 구매할 수 있었다. 뉴왁 학교 라인까지가 슬리에마이고, 그 뒤쪽부터 그지라인데, 우리 집은 행정 구역상 그지라로 구분된다.

22년도에 비슷한 시기에 몰타에 온 한국 가족이 8가족 정도인데, 2가족이 산주안에, 1가족은 세인트줄리안에, 5가족이 슬리에마와 인근 그지라에 살았다. 슬리에마와 세인트줄리안이 중심가인데, 서울에서 온 엄마 말을 빌리자면 세인트 줄리안이 서울의 압구정동이고, 슬리에마가 강남 정도 된다는 표현을 하였다.

가족 없이 혼자 온 한국인들도 대개 세인트줄리안과 슬리에마를 중심으로 숙소를 잡았다. 어학원이 이 두 개 지역을 중심으로 있기 때문에 세인트줄리안과 가까운 펨브로크와 스위기 지역까지 사는 경우를 보았다. 시골 느낌의 지역에 살면 집은 넓고 저렴하지만 이내 곧 후회하고 중심가 지역으로 이사하는 경우를 보았다. 한 한국인 엄마도 피에타에 1개월만 살다가 보증금을 포기하고 슬리에마로 이사하였다. 집들이 한다고 피에타에 가 보니 밤에 불빛도 없어 위험해 보였는데, 나중에 그 동네는 동남아나 아프리카에서 온 노동자들이 많이 살아 약간 위험하다고 들었다. 산주안의 한 가족은 1년 거주 후, 시골스러움 대신 해변이 있는 중심가에서 살고 싶다며 그지라로 이사 왔다. 우리도 슬리에마에서 조금 멀어진 그지라로 이사 갔는데, 그곳이 번화가이면서도 집값도 상대적으로 저렴하여 좋은 주택가였다. 몰타의 숙소 임대료는 눈에 띄게 오르는 추세이다.

2) 자녀 조기 연수

입학 및 연수

몰타 스토리에서 애들 학교 입학하는 행정 절차를 대신 해 주는데 인당 100만 원 달라고 했다. 다른 유학원에서는 쌍둥이라 합쳐서 100만 원 가까이 달라고 했다. 내가 미국 MBA 합격한 사람이라는 자존심으로 행정 처리를 직접 하였다. 통화가 필요한 경우 듣기와 말하기가 좀 더 나은 아내를 시켰다. 다만 유학원에 등록하면 부동산 서비스를 받을 수 있는데, 몰타 스토리는 부동산을 포함, 모든 서비스를 무상으로 하게 되고, 다른 유학원은 서비스별로 돈을 요구하였다. 아내와 나 모두 어학원을 등록하기에 몰타 스토리를 선택하였고, 결론은 아주 잘한 선택이었다.

뉴왁 초등학교 입학에 필요한 서류는 아래와 같다. (22년 기준)

- 지원 서류 및 기타 서류와 부모 싸인 날인: 학교 홈페이지(학교 야외

수업 동의서, 자녀 사진 활용 동의서, 자녀 픽업하겠다는 문서 등)
- 자녀 한국 학교 최근 생활기록부: 우리가 영문으로 번역하여 제출하였다.
- 자녀 출생증명서: 정부24에서 가족관계증명서로 대체(기본증명서 공증 필요 없음)
- 자녀 예방접종증명서: 질병관리청 예방접종도우미 사이트나 정부24에서 간단한 인증 후 영문으로 발급받을 수 있다.
- 자녀 및 부모 여권 사본
- 자녀 증명사진(여권 사이즈)

몰타에서 주변 한인들이 들어가는 학교는 세인트에드워드, 세인트마틴, 세인트케서린, 뉴왁 스쿨 등이 있다. 이 중 뉴왁 스쿨이 들어가기가 제일 편해서 한인 초등학생들은 여기를 많이 다닌다. 비자가 나오거나 1년 정도 현지 적응 후 다른 학교로 옮기기도 한다. 참고로 뉴왁 스쿨은 한국에서 학력 인정이 되는 곳이다.

뉴왁 스쿨은 학교 선생님이 몰티즈부터 유럽 선생님까지 다양하다. 우리 애들의 첫 선생님은 몰티즈였고, 2번째 학년의 선생님은 스페인 출신이었다. 학교를 몇 번 들르니 독일인이 보조 교사로 오고, 타 유럽국가 출신 선생님들도 있었다. 몰타의 학교는 영국식 제도를 따르기에 1년에 3팀씩 운영한다. 9월 말부터 12월 말까지 첫 팀이고, 2주 방학 뒤에 1월 초에 두 번째 팀이 시작하여 3월 말까지 한다. 2주 방학 뒤 4월 초에 3팀이 시작하고 6월 말에 마치게 된다. 그리고 긴 여름방학이 시작된다. 여름 방학 시즌에는 써머스쿨을 운영하는데, 뉴왁의 써머스쿨 프로그램은 좋지 않고, 다른 다양한 곳에서도 써머스쿨을 등록할 수 있다. 아내는 수소문 끝에 한국 지인과 함께 애들을 몰타대학에서 운영하는 써머스쿨로 보냈다. 여기는 90%가 몰티즈 학생들이고, 선생님들 대부분도 몰타인이다. 같이 보낸 한국인 아이 세 명 모두 다른 반으로 배치되었고, 다들 너무 잘 어울리고 만족해하였다.

비자가 나오면 공립학교로 전학할 수도 있는데, 현지 몰타인들이 많은 만큼 수업을 몰타어로 진행하는 곳도 있다고 들었다. 슬리에마와 그지라에 위치한 공립학교는 모두 영어로 수업이 진행된다고 한다. 그렇지만, 몰티즈가 다수인 만큼 몰타어를 쓰지 못하면 어울리기 힘들 수 있다. 공립학교라 수업료는 무료이지만, 장단점이 있다. 학원 선생님에게 들은 바로는 공립학교 선생님들의 수준은 사립보다도 높지만, 문제 학생이 많이 있을 가능성이 크다는 것이다. 사립은 학교장 재량으로 문제 학생을 전학 처분할 수 있지만, 공립은 의무교육이라 그게 안 된다는 것이다. 선생님 자신은 자녀가 있다면 사립학교로 보낼 것이라 했다.

뉴왁 외 사립학교는 들어갈 때 TO가 없으면 대기를 1, 2년 이상 한다. 세이트에드워드로 입학시킨 한 한인 학부모는 1, 2년 전에 학비까지 다 내고 코로나 상황 때문에 기다리다가 이제 들어왔다고 한다. 우리는 몰타행 비행기표 발권과 동시에 학교를 알아본 상태라 선택의 여지가 없었다. 아들과 딸이 동시에 입학 가능하고 TO가 남아 있는 학교는 뉴왁뿐이었다. 쌍둥이를 뉴왁 스쿨로 입학시키고, 애들 등하교가 편할 수 있도록 집을 학교 근처에다 구했다. 애들 나이는 Year 4가 맞지만, 학교에서 Year 4 신규 학생이 많고, Year 3 학생이 적어서인지, 아니면 아이들 생일이 8월생이어서인지 이유는 알 수는 없지만, 우리 애들은 Year 3에 배정하였다. 서툰 영어에 적응하기 쉬울 것 같아 Year 3도 나쁘지 않다 생각하고 동의하였다. 같은 나이의 한국 애는 Year 4에서 잘 적응하며 보냈다. 나중에 배우는 수준을 보니 Year 4에 들어가도 잘 적응했겠다 싶어 조금 후회되었다. Year 4부터 학기마다 시험이 있는데, 처음에 이것도 고려하여 Year 3에 넣는데 동의하였다. 다른 외국 학부모들은 몇 학년에 들어가는지 크게 신경 쓰지 않는 눈치였다.

비용 측면에서 한국에서 영어유치원 보내는 비용보다 반절이나 저렴하였고, 그 연수 효과는 그것의 곱절이었다고 생각한다.

뉴왁스쿨 앞 하교 시간 픽업 차량들로 북새통

세인트에드워드 1년 학비는 뉴왁의 2배가 되지만, 보낸 엄마 말로는 학교에 가 보니 엄청 만족스러웠다고 한다. 대학교 캠퍼스같이 넓은 곳에 위치하고, 몰타 내에서 명문 사립학교라 한다. 학교에서 통학 거리가 먼 애들은 통학버스를 운영하는데, 22년 9월부터 정부에서 보조금을 주어 모든 학교의 이용료가 무료이다.

뉴왁스쿨을 처음 방문한 날 학교 홈페이지에서 본 것과 달리 작은 규모와 오래된 건물에 실망감이 몰려왔다. 아들도 처음에는 학교에서 배우는 게 없다며 종종 투덜거렸다. Intensive English Program을 가을학기 시작 전에 4주간 보냈는데, A, B, C부터 배우기 시작하였고, 학습 자료를 본 후 욕심을 많이 낮추고 시작하였다. 하지만, 학교에서 내내 영어로 수업하고, 친구들끼리도 영어로 얘기하니, 시간이 지날수록 애들 영어가 느는 것이 보였고, 배우는 것도 차츰 늘어났고 교과 책을 보니 어느 정도 배우는 것을 알 수 있었다. 아이들 담임 선생님들은 모두 좋으신 분들이었고, 아이들도 학교를 즐겁게 다녀서 학교 시설 외에는 대부분 만족스러웠다.

뉴왁스쿨의 장점이라면 몰타의 다른 사립학교는 80% 이상이 몰티즈 학생으로 구성되어 있다면, 뉴왁스쿨은 진정 인터내셔널 스쿨이라 할 수 있다. 30개국 이상의 세계 각국의 아이들이 모여 국적에 상관없이 어울린다. 각 나라에 대한 문화와 언어를 자연스럽게 배울 수 있는 기회가 된다는 점에서 아내는 제일 만족스러워 하였다.

친하게 지냈던 프랑스 가족이랑 덴마크 가족 아이들은 몇 개월 지나자 말문이 트여 영어를 유창하게 말하였다. 외국 아이들은 문법보다는, 아는 단어를 주절주절 늘어놓았는데, 우리 애들은 그게 잘 안 되고, 1년이 지나니 술술 말을 시작하는 게 보였다.

덴마크 빌라스(Villads) 아빠 Mads에게 어떻게 몇 개월도 안 된 애가 영어가 느는지, 원래 덴마크에서 영어를 배웠는지 물어보았다. 고국에서 영어를 배운 적은 없고, 집에서 엄마, 아빠가 영어로 대화하고, TV도 영어 방송을 보게 하고 특히 게임을 영어로 하게 하니 많이 늘더라는 것이다. 그때부터 지금까지 우리 아이들은 모든 미디어 시청을 영어로만 하고 있다. 주로 넷플릭스를 영어 자막과 함께 시청한다. 처음에는 재미 없어해서 아이들이 좋아할 만한 프로그램을 엄마와 함께 찾았고, 한번 재미있는 프로그램을 찾으면 서너 번 넘게 보면서, 이해를 하는 건지 매 번 웃긴 장면은 처음 본 것처럼 깔깔거린다.

프랑스 가족인 알리아 아빠 벤에게도 프랑스에서 영어 교육을 시켰었 냐고 물었는데, 그런 적 없이 몰타에 와서 영어를 처음 배운다고 했다. 여기서 처음 배우는 것치고 몇 개월 만에 영어를 스스럼없이 말하는 것 을 보니 놀라웠다. 문법과 발음이 정확하지는 않았지만 놀라울 만큼 빨 리 영어 말하기가 늘었다.

미인증 유학

부모가 회사에서 주재원으로 가거나 유학가게 되면 인증 유학이 된 다. 인증 유학이란 부모님의 해외파견, 이민 등의 이유로 가족 모두가 해 외에 가는 경우 아이가 우리나라에서 혼자 학교를 다닐 수 없어 함께 해 외에 가서 공부하는 것을 말한다. 이런 경우는 국내 학교로 재취학 시 아 이 나이에 맞는 학년으로 자동 배정받는다. 여기 영희 아빠(교수)처럼 연수 휴직(안식년)으로 온 경우에도 인증 유학이 된다.

하지만 공무원 가족이나 나처럼 휴직을 통해 오게 되면 애들은 미인증 유학이 된다. 근데 걱정할 게 없다. 몰타 학교에서 재학증명서와 성적증명서만 지참해서 한국에서 출입국사실증명서 등 필요서류를 제출하고 국어, 수학, 과학, 사회 시험을 보고 나면 또래들과 같은 학년을 다니게 된다. 초등 4학년으로 들어가게 되면 3학년 범위 내에서 시험문제가 나오게 된다. 아내가 애들 한국 교육을 위해서 수학과 국어 문제집을 챙겨가서 틈틈이 선행학습까지 시킨 상태이고, 과학과 사회 과목을 공부하지 않았지만, 시험이 크게 어렵지 않아 쉽게 통과하였다. 또한 아들은 대치동에서도 유명하다는 수학학원인 ㅎㅅ고시에도 합격하였다.

방과 후 활동

애들 학교에서 하는 방과 후 활동은 다음과 같고, 가격은 인당, 텀당, 과목당 150유로 정도이다. 과목은 스포츠, 댄스, 수학, 요리, 아트 클럽 등이 있다. 매년마다 조금씩 변동이 있다. 첫해에는 숙제 클럽도 있어서 등록시켜 학교에서 숙제를 다 하고 오게 하였다. 숙제 클럽은 매일 있었고, 시간당 계산해서 사후 계산하는 방식이었다. 다음 해에는 숙제 클럽이 없어졌다. 방과 후 수업에서 배우는 것은 거의 없으나 영어로 수업을 하니 영어 향상이 도움이 된다며 아내가 적극 등록시켰다. 딸은 미술을 좋아해서 아트클래스로, 아들은 수학과 스포츠를 좋아해서 수학과 축구를 시켰다. 애들은 처음에 배우는 게 없다고 간혹 투덜대었지만, 아내가 세운 방과 후 수업 등록 방침은 아내의 육아 시간 감소가 주목적이었는지 모른다. 시간이 지나면서 방과 후에서 친한 친구들이 생기더니 불평 없이 잘 다녔다. 수업 마치고 그 친구들과 한 번씩 플레이데이트도 하고, 집에도 서로 초대하여 친해진 친구도 더러 생겼다.

애들 학교는 7시 45분까지 등교하여 정규 과정은 1시 30분에 마친다. 방과 후 수업을 신청하면 2시간 연장되어 3시 30분에 마친다. 매일 도시락을 싸 들고 가서 일과 중 쉬는 시간에 점심을 먹는다고 한다. 점심시간은 따로 없다고 들었다.

23년 7월에 이사하게 된 집에 이전에 살던 한국 모녀는 엄마가 영어를 가르치시고 중학생 가까이 되는 애를 데리고 왔다. 우리보다 1년 더 일찍 와서 지냈는데, 뉴왁에 1년 다니다 세인트캐서린 학교로 전학한 후 1년을 더 다녔다. 다시 적응과정을 거쳤지만, 더욱 만족했다고 한다. 학교 커리큘럼 등이 뉴왁보다 낫다고 한다. 방과 후에는 1주일에 몇 번씩 아일랜드 출신 선생님을 과외로 붙여 영어 학습에 속도를 높였다고 한다.

몰타에서 영어 과외비는 시간당 15유로에서 20유로 한다. 일반 어학원에 다니는 학원 선생님들이 학원에 알리지 않고 몰래 학생들 통해서나 지인을 통해서 과외를 하는데, 학원에 등록하여 하는 것보다 돈을 더 받기 때문에 잘만 하면 서로에게 금전적으로 이득이 된다. 몇몇 한인 가족들이 현지 어학원 선생님 등을 구하여 영어 과외를 받았다.

우리 애들은 주당 2, 3일을 학교 방과 후 수업에 보냈고, 2일은 '스포츠 몰타'에서 수영 강습을 등록하였다. 수영은 10월 중순부터 5월 말까지 7개월 가까이 했는데, 일주일에 한 번씩 1시간 강습하는데 75유로였다. 애들이 2, 3달 함께 수영장에 데려갔는데, 한국의 수영장이랑 비교할 수 없다. 깊이가 6, 7m나 되는 성인 수영장에서 함께 이루어졌으며, 강사들은 물에도 들어가지 않고 물 밖에서 애들을 가르쳤다.

　우리 아이들은 한국에서 수영을 배운 적이 없다. 그런데 첫날부터 기판 없이 그냥 물에 들어가라고 한다. 아이들이 원하면 기판을 주는데 그마저도 두세 번 수업 후에는 기판 없이 수영을 시켰다. 힘들면 아이들이 알아서 레인 잡고 쉬었다가 다시 수영하였다. 그러다 한 달 정도가 지나니 다들 수영하고 잠수하고 다이빙도 하였다. 가르치는 것도 거의 없어 보였는데 아들이 수영하는 걸 보니 신기하였다. 조마조마했는데 사고 없이 강습이 이루어졌다. 수영장 옆 레인에는 싱크로나이즈드 스위밍 강습도 있었다. 여기 수영장은 국제대회가 이루어지는 곳이다.

　날씨가 추워지고 애들이 감기가 들기 시작하자 겨울철에는 수영을 그만두었지만, 같은 나이의 아영이는 끈기가 있어 계속 수영을 배웠다. 자기가 계속 가겠다고 해서 끊임없이 배우니 나중에 바다에 나가서도 암밴드 없이 물에 떠 있었다. 반면 우리 애들은 바다에 나가서는 암밴드를 끼고 수영하였다.

세인트 피터스 풀에 다이빙하는 아영이

10월 15일부터 다음 해 5월 26일까지 매주 토요일마다 9시부터 3시간씩 체육과 수영 강습을 함께 하는 프로그램에도 등록(현, 93유로)하였다. 애들이 처음 2, 3번 가다가 힘들다고 그만두었다. 덩달아 나도 애들 픽업을 위해 매주 토요일 9시부터 1시간씩 수영을 등록(10. 15~5. 26, 75유로)하였지만, 처음에 감기로 못 가다가 계속 안 가니 한 번도 가 보지 못했다. 지금도 아내의 귀 팔랑거림에 돈 소비한 걸 생각하면 가슴이 아프다. 아내가 취소도 가능하다고 해서 먼저 등록하였는데, 나중에 알고 보니 취소가 안 되었다.

　유럽 아이들이 종종 학교나 공원에서 덤블링하는 것을 자주 보았는데, 아영이도 나중에 짐나스틱 학원에 등록하여 덤블링이나 체조 같은 것을 배우는 것을 즐겼다.

　우리 아들은 축구를 좋아하여 첫해 겨우 찾아서 등록했는데, 영국인이 운영하는 축구 클럽은 인원이 다 차고, 가까운 곳의 인기 있는 다른 곳도 다 차서 몰타 선생님이 가르치는 곳에 등록하였다. 몇 달 배우니 다른 애들이 몰타어로 서로 소통해서 싫다고 말해 그만두게 되었다. 아들 말로 한국에서는 기술을 많이 가르쳐 주는 것에 비해 유럽식 축구는 몸싸움이 치열하다고 한다.

축구 클럽에서

스포츠 몰타 수영

3. 몰타 생활

한국인 아빠들과의 모임

몰타 생활을 뒤돌아볼 때 제일 기억에 남는 것이 여행과 사람들과의 어울렸던 기억이다. 처음 몰타에 발을 디뎠을 때 낯선 땅에서 만난 한인들이 반갑기도 하였지만, 처음이라 조심스럽기도 하였다. 애 엄마들은 여자라 그런지 금세 잘 어울려 다녔지만, 난 초기에는 서로에게 민폐가 될까 조심하였다. 산주앙에 공무원 두 가족이 아빠와 함께 왔었다. 처음에 밥 한번 먹기가 힘들었지만, 두세 번 먹고 나니 한 달에 2번 정도는 정기적으로 만나자고 얘기되었다. 조금 있다 보니 그해 겨울 12월에 한 영희네 가족이 안식년으로 몰타에 왔다. 그 영희 아빠가 교수 특유의 편견을 깰 정도로 사교성이 대단히 좋아 금세 우리 모임에 합류하였고, 그의 주도로 거의 매주 모임을 가졌다. 또 얼마 지나지 않아 서울에서 1타 강사 하던 분이 아들과 함께 겨울 방학 동안 체류하여 우리 모임에 합류하여 멤버가 5명이나 되었다.

평일 아침에는 어학연수를 하고, 오후에 애들과 시간 보내고 주중에 한 번씩 어학원의 같은 반 애들과 영어도 늘릴 겸 점심이나 저녁을 함께 하였다. 어학원의 유럽, 남미 친구들은 누가 먼저 불러 주기를 바라고 있었다. 같이 점심이나 저녁 먹자고 하면 정말 좋아하였다.

아빠들 모임으로 1주일에 한 번 저녁과 술을 먹고, 오전은 어학연수를 하고, 한 번씩 어학원의 학생들과 어울리고, 가족들과 보내는 시간이 많고, 또 한 번씩은 애들 친구 부모들과 플레이데이트 하고, 때때로 여행 계획을 세우는 등 온통 하고 싶었던 즐거운 일들의 연속이었다. 그렇게 보냈던 시간들은 당시에는 행복감이 충만했고, 그 시기가 지난 지금은 행복했던 추억의 한 장면이 되었다.

아빠들 모임은 인당 30유로만 내면 무한정 먹을 수 있는 뷔페인 Koi 스시나, 개인적으로 제일 좋아했던 분위기와 음식 맛이 좋았던 Club 스시, 가까운 도마 등 한식당을 이용하였다. 가끔씩 현지 식당에도 들렀으며, 서로의 집에도 초대하여 파티 같은 시간을 보냈다. 2차는 주로 해변가의 아일리쉬 Pub이나 지중해 바다가 보이는 현지 Pub에서 맥주 한잔을 더하며 운치 있는 휴양지에서의 밤을 즐겼다.

1타 강사가 있었을 때 그 집에 초대받아 영희 아빠가 Azzopardi Fish Shop(몰타 내 체인점)에서 참치를 사서 왔다. 참치 뱃살을 잘라 김에 싸 먹으니 참치가 정말 신선하였고 그야말로 입에서 녹았다. 몰타에 참치가 싸고 생산지로 유명한데, 아내가 제대로 먹어 보지 않아서 좋은 줄을 몰라 가족끼리는 자주 먹지 않았다. 그렇게 싸고 좋은 걸 자주 먹지 않아서 아직까지도 후회된다. 현지인들은 참치 등살을 회로 먹지 뱃살을 먹지 않는다.

내가 몰타를 마지막으로 떠나기 전 발레타가 보이는 해변에서 했던 한국인 세 가족이 함께했던 페어웰 파티에서 Greens에서 산 참치회가 한 팩에 3~4유로했는데, 5, 6개 팩을 어른 6명이서 실컷 먹었다. 정말 입에 술술 들어가 그 맛을 정녕 잊을 수 없다. 지금 생각만 해도 군침이 돈다. 아내도 그 맛을 보더니 따로 한 번 더 먹자고 했다. 발레타가 보이는 지중해 바다 해변에서 우리 세대 음악을 틀어 놓고, 참치회와 삼겹살을 먹으며, 와인과 맥주를 더했다. 아이들은 틀어 놓은 음악을 배경으로 몰타에서 배운 춤을 추며 잊을 수 없는 몰타에서의 밤을 함께 보냈다.

가끔씩 몰타에 와서 영어를 늘리려는 열성으로 한국인들과는 어울리지 않고 외국인들과만 어울리려 하는 사람들을 몇몇 봤다. 6개월 일정으

로 온 한이 엄마도 자기 애랑만 지내고, 다른 한국인들은 멀리하였다. 열심히 공부만 하여 Upper Intermediate 반에서 3개월 정도 만에 Advanced 반으로 올라갔다. 하지만, 나중에 지치고 Homesick 같은 걸로 고생해서 외로워하고 한인들과 어울리지 않았던 것을 후회하는 분위기였다. 한국에서 대학생으로 온 같은 어학원의 남학생도 보았는데, 외국 애들이 재는 애라면서 상대하기 싫어하는 눈치여서 오히려 외톨이가 되는 듯했다. 외국에서 정서가 통하는 한국 사람들과 어울림은 필수이다.

건강관리, 운동

몰타 오기 전 세웠던 목표 중 하나가 1년 휴직 기간 중 뱃살을 빼고 건강을 되찾는 것이었다. 토요일 오전 등록했던 수영은 감기와 겨울철 등으로 한 번도 못 갔지만, 아침 조깅을 꾸준히 하였다. 발레타가 보이는 해안 산책로를 6시쯤 일어나 1시간 가까이 뛰다가 걷기를 반복하였다. 가능한 날에는 저녁 먹기 전 5시쯤에도 한 바퀴 돌기도 하였다. 회사를 안 가니 스트레스가 없어 과식을 하지 않게 되고, 운동으로 뺀 살이 다시 찔까 봐 저녁 약속이 없다면 많이 먹지도 않았다. 몰타 오기 전 80kg에 육박했던 몸무게가 74.5kg 정도로 빠졌다. 한국에 돌아온 후 건강검진을 하니 콜레스테롤과 당뇨 전 단계에 있던 수치가 현저하게 좋아졌다.

날씨

몰타의 날씨는 이 나라를 돋보이게 하는 중요한 요소이다. 몰타에서 만난 한국 사람들도 몰타를 선택한 주요 이유 중 하나가 날씨이다. 어학원에서 만났던 제일 예쁜 스페인 여자도 몰타 선택 이유로 날씨를 꼽았는데, 이는 자기에게 중요한 요소라고 했다. 실제로 몰타 안내 책자에는 365일 중 300일 이상이 화창하다고 했는데, 8월 중순에 와 그해 11월까지 겨울이 오기 전까지 하루, 이틀 빼고 내내 화창하였다. 겨울철이 오자 1주일 비가 오고 흐린 날이 제법 있었다.

겨울철이라 할 수 있는 11월-3월을 제외하고는 몰타는 화창함의 연속이다. 한 여름철인 8월에는 35도를 넘기는 날이 많고, 양지로 다니면 더 워서 힘들다. 한겨울 1, 2월에 음지로 다니면 추위를 느끼지만, 양지로 다니면 따뜻함을 느낄 수 있다. 여름철 밤에는 에어컨을 켜야 잘 수 있다. 몰타는 해가 나는 곳과 안 나는 곳의 온도 차이를 느낄 수 있다. 겨울철 1, 2월에는 최소 얇은 패딩 정도는 입고 다녀야 한다. 한겨울 최저 기온은 5, 6도 정도이다. 겨울철 밤에는 추워 한국인들은 보통 전기장판을 켜고 잔다.

다양한 국적 출신

우리는 번화가에 집을 얻었고, 어학원까지 15분에서 20분 정도 매일 걸어갔다. 해안길을 따라 걷기에 여름철에는 특히 정말 많은 관광객들과 마주친다. 도대체 어느 나라 말인지 알 수 없는 말들이 관광객들 사이에서 오가고 있다. 유럽인들의 휴양지이기에 다양한 국적 출신이 유럽 백인들이 모이고, 길을 걷다 영어가 아닌 그들의 모국어를 듣게 될 때에는 '여기는 정말 다양한 국적의 사람들이 모이는구나.' 생각이 들었다.

내가 국적을 물어 알게 된 사람들은 아쿠아루나에서 만난 세르비아 커플, 펍에서 마주친 스웨덴 여자, 어학원에서 알게 된 체코, 벨기에, 러시아, 룩셈부르크, 프랑스, 터키, 독일, 불가리아, 스페인, 스위스, 일본, 콜롬비아, 브라질, 멕시코 등과 아이들 친구 엄마인 모르코, 덴마크, 우크라이나, 몰도바, 이탈리아, 중국, 러시아 등이고, 많은 국가 출신들을 몰타에서 만날 수 있었다.

이뿐만 아니라 자주 가던 카페의 종업원은 네팔 출신이고, 택시 타다가 만나 얘기를 나눴던 택시 기사는 오스트레일리아, 소말리아 등의 출신이다. 정말 다양한 나라에서 온 사람들이 몰타에서 일도 하고 있다. 임금이 높지 않음에도 불구하고 몰타의 범죄율이 낮은 이유는, 어떻게든 구하려고 하면 일을 다른 나라보다 쉽게 구할 수 있어서이다. 하지만 임금이 한국의 물가에 비하면 너무 낮아서 한국인들이 학원이 끝난 뒤 아르바이트 하기에는 적당하지 않다.

행복하다고 느꼈던 몰타에서의 순간들

1. 처음 몰타에 도착하고 아내와 외국에서 그것도 유럽의 휴양지에서 거리를 탐험하며 이국적인 길거리와 풍경들을 보며 많이 설렜다. 발레타는 유럽을 물씬 느낄 수 있어서 좋았고, 집 근처인 슬리에마도 곳곳의 낯선 풍경들과 가게들을 보며 '드디어 꿈에 그리던 유럽에 왔구나.'

를 느끼며 좋아했었다. 아내가 혼자서도 돌아다니며 설렘을 즐기는 것을 볼 수 있었다. 나름 행복해하는 아내를 보며 몰타로 결정한 것에 만족하였다.

슬리에마 해안 산책로

2. 첫 집은 테라스 쪽에서 햇빛이 건물들 사이 도로를 통해 확연히 들어왔다. 무더운 여름날, 화창한 햇빛을 받으며 테라스 창안에서 때로는 테라스에서 시원한 맥주 한 잔을 들이킬 때면 이것이 행복이지 무엇이 행복일까 싶을 정도로 행복함을 느꼈다.

3. 딸아이가 애완동물을 좋아하는데 그중에서 고양이를 무척 좋아한다. '아빠는 강아지가 좋아, 고양이가 좋아.' 물어볼 때, 난 고양이가 좋다고 말하면 딸이 그렇게 좋아할 수 없다. 몰타는 애완동물의 천국이다. 길거리에 개똥도 많고, 강아지들을 데리고 다니는 현지인들을 흔히 볼

발레타

수 있다. 길거리 고양이에게도 밥을 주기적으로 챙겨 주는가 하면 고양이들이 모여 있는 캣파크도 있다. 딸아이가 마트에서 고양이 밥을 사서 고양이 공원이나 집 근처 고양이들 모인 곳에 가서 밥 주는 것을 좋아하였다.

딸아이를 한두 달 정도 매일 4, 5시쯤 인근에 몰려 있는 고양이들에게 밥을 주니, 나중에 딸아이가 밥이 든 상자를 흔들며 내는 소리에 고양이 8, 9마리가 조심스레 나오는 걸 보고는 약간은 오싹함과 함께 신기함을 느꼈다. 딸아이는 특색 있는 고양이 몇 마리의 이름까지 지어 주며 밥을 주었다. 사랑스런 딸이 자기가 좋아하는 고양이에게 밥을 주며 좋아하는 것을 지켜보니 '행복이 멀리 있는 게 아니구나.' 느꼈다. 바쁜 한국생활을 벗어나 사랑하는 자식과 밥 먹이는 작은 동물들을 보니 시간이 멈추어 버린 듯한 느낌을 받았다.

4. 몰타에 즐기러 와서 이것저것 다양한 것을 해 보고 싶었다. 슬리에마 해변 쪽으로 사람들이 하나둘씩 낚싯대를 드리우고 있는 것을 보았다. 아들보고 '같이 낚시 해 볼래?'라고 물으니 바로 '네.'라고 대답해서 제일 작은 아이용 낚싯대를 구매하였다. 비슷한 시기에 다른 한국 가족들도 낚싯대를 사서 낚시를 즐겼다.

옆의 한인 가족이 사진용으로 빌려준 낚은 물고기

5. 6월에 화창한 날씨에 백수처럼 낚싯대를 지중해 해안에 드리우고 맥주 한 캔에 안주로 어릴 때 먹어 보았던 한국 생라면을 부숴 먹으니 행복감을 느꼈다. 안주도 뭔가 한국과 연결고리가 있어야만 했다. 한국에서 젊은 사람이 평일 대낮에 이러고 있으면 이상한 눈초리로 보았을 게 틀림없으나 여기서는 남을 의식하지 않는 분위기이고, 천연의 휴양지이기에 마음껏 즐겼다.

여기 물고기들은 미끼로 산 새우를 먹지 않고, 유럽 물고기라 그런지 (사람들이 던져 주는 빵 조각을 먹어서 그런지) 새우 대신 빵 조각에 더 관심을 가졌다. 아들과 낚시할 때도 우리는 한 번도 물고기를 낚지 못했지만, 옆의 한인 가족은 빵 조각을 미끼로 물고기를 낚기도 하였다. 한번은 배를 타고 낚시 가서 물고기를 낚아 어묵을 해 먹었다고 한다. 물고기

살을 다져서 밀가루를 작게 섞으면 고급 어묵이고, 밀가루를 많이 섞으면 싼 어묵이라며 웃음 섞인 말을 남겼다.

5. 매주 아빠들 모임에서 여행 정보와 몰타에서 더 즐길 수 있는 방법과 각종 정보들을 교환하고 지중해 휴양지에서 그 동안 살아왔던 얘기들을 나누니 시간도 참 잘 가고 몰타 생활에 활력 또한 더해졌다. 몰타의 현지 맥주인 Cisk도 괜찮았지만, 약간 더 비싸지만, 권해서 마셔 본 Blue Label이 좀 더 맛있었다. 회사 스트레스를 안 받고, 좋아하는 사교 모임에만 나가고, 하고 싶었던 영어 공부하고, 가고 싶은 곳 여행 다니고, 사랑하는 가족들과 시간 많이 보내고, 여행 계획 짜면서 여행지 공부하는 게 약간의 스트레스였지만, 이 또한 내가 좋아서 하는 것이니 인생에서 몇 안 되는 가장 행복한 시간을 몰타에서 지난 1년간을 보냈다.

1) 비자 및 신청 방법

비자를 신청하는 방식은 매년 조금씩 달라진다. 첨부에 붙이는 내용도 달라진다. 최근에 달라진 부분이 있으니 확인해 볼 필요가 있다. 23년도 6월 기준으로 설명한다.

가. 비자에 필요한 서류

- FORM 1D 1A(지원서류): 구글 등에서 검색해서 찾을 수 있고, 유학원이나 이민국(Identity Malta)에서 수령할 수 있다.

- 여권 전체 페이지 사본: 몰타에 들어와서 스마트폰으로 스캔 가능함.
- Rental Declaration Form + 집 계약서류: 첫해에는 유학원이 관리하는 집이어서 유학원을 통해 수령, 둘째 해에는 집주인을 통해 수령함.
- 보험증명서*: 책임, 상해, 질병이 3만 유로 이상 보장되는 상품으로 가입해야 한다. 유럽 국가에 여행을 가기에 EU에 적용되는 보험을 추천. 현지 가산마모에서 발급하는 비자용 보험이 있다. 150유로 정도인데, 한국 보험이 40대가 넘어가면 60만 원이 넘어, 비자만 발급받을 예정이면 이 보험을 이용하여도 된다. 2번째 해에는 아이들은 자주 감기로 병원을 가서 계속 한국 보험을 들었고, 아내는 이 현지 비자를 구매하였다.
- 잔고증명서*: 통장에 잔액 증빙(유로로 표기), 인터넷으로 출력 가능, 한국서 본인 계좌의 은행을 통해 방법 숙지(공인인증서 지참 필요), 잔고 금액 산출은 하루당 35유로 × 365일 = 12,775유로(인당) 이상이다.
- 여권 첫 페이지 사본(어른 + 아이), 가족관계증명서, 현금인출카드 + 현금인출영수증(200유로 이상)
- 아이들 출생증명서*: 가족관계증명서로 대체, 현지서도 인터넷으로 발급 가능.
- 아이들 학교등록서류 + 가족관계증명서 + 부모 동의서(아빠 부재 시 아빠가 엄마가 몰타에서 애들 돌본다는 것을 동의한다는 내용, 부모가 모두 있는 경우 부모가 아이들 돌본다는 내용으로 아이들 각 1장씩)

*한국에서 준비해야 할 서류

모든 서류의 싸인은 여권의 싸인과 동일해야 한다. 한 한국 가족은 여권과 다른 싸인을 부모 동의서에 했다가 변호사 공증을 받아오라는 요청을 받아 고생한 적이 있다.

나. 서류 제출

https://noneu.identitymalta.com 사이트로 들어가면 현재는 다음의 링크를 안내한다. https://expatriates.identita.gov.mt 여기 사이트에서 로그인을 하면 된다.
아이들은 Study로 Form N을, 부모는 가디언이니 Form O를 선택한다. 로그인은 이메일과 현지 휴대폰를 모두 인증하여야 한다.

Application Type은 Temporary로 클릭하고, 다른 목적으로 온 분들은 해당되는 걸 클릭한다. 그리고 필요한 정보를 모두 입력하고 서류 스캔파일을 올리면 된다. 파일 업로드할 때 한 섹션에 한 개 파일만 첨부가 되니 여러 종류의 서류를 같이 첨부하려면 하나의 스캔 파일로 묶어서 올려야 한다.

- Form 1D 1A: Identity Registration Form, 서류 작성 후 스캔 첨부
- Full copy of Passport: 여권 전체 스캔 첨부
- Copy of the lease agreement and Rental Declaration Form: Declaration Form은 집주인이 작성하는 부분이 있어서 부동산 계약할 때 미리 이 부분을 해 줄 것이냐 확인 후 집을 계약하여야 한다. 집 계약서류와 함

께 스캔 첨부.

- Copy of the Purchase Contract of Immovable property: 집 계약서 원본 스캔한 것과 Rental Declaration Form을 함께 스캔한 것을 한 번 더 올리면 됨.
- Health Insurance Plan or Proof of national insurance payment: 보험증명서 스캔
- Letter explaining applicant's purpose of stay in Malta: 아이들 학교 등록서류 + 가족관계증명서 + 부모 동의서를 함께 스캔 첨부
- Copy of Bank Statement: 잔고증명서 + 현금인출카드 + 현금인출영수증 스캔 첨부

다 올린 후 Submit 하고, 27.50유로 카드 결제하면 끝이다. 나중에 검토자가 부가 서류를 요청하는 경우가 있다. 이건 검토자에 따라 다르다. 요청한 경우 기존의 파일에 부가 서류를 추가하여 한 파일로 다시 올리면 된다. 검토가 완료되고 인터뷰 잡는 메일이 오는데 최소 한 달 이상이 소요된다. 두세 달 걸리기도 한다. 그래서 장기 거주자는 몰타에 도착하자 바로 비자 신청하는 게 좋다. 90일 이후에 비자를 소지하지 못한 경우 타 쉥겐 국가 여행이 불법이다.

갱신할 경우에도 사이트 방문 후 처음 신청인지, 갱신인지 물어볼 때 갱신을 선택하고 나면 나머지 절차는 똑같다.

처음에는 어렵게 느껴지지만, 막상 한번 해 보면 그렇게 어렵지 않다.

요즘 스캔은 스마트폰의 사진 촬영이나 스캔 앱으로 가능하기에 편리하다. 현지 유학원의 도움도 받을 수 있으니 크게 어렵게 느끼지 않아도 된다.

다. 인터뷰와 비자 수령

인터뷰 날짜가 정해지면 스캔 파일로 제출한 모든 문서를 프린트해서 가져가야 한다. 여권용 사진 2매도 필요하다. 아이들을 직접 동반하여 가는 게 좋다. 이민국에서 시간에 맞춰 온 사람들 순서대로 인터뷰하고 정상적으로 끝나면 27.5유로 결제했다는 영수증인 블루 레터를 준다. 이후 최소 일주일 지나면 비자를 수령하라는 우편물이 오는데, 이 두 가지를 함께 들고 이민국으로 가서 비자를 수령하면 된다.

첫해에는 한인 가족들 대부분 비자 때문에 고생하였다. 인터뷰 날짜 잡는 데에도 몇 달이 소요되고, 비자 수령하라는 메일도 한참 걸린다. 중간에 추가 제출 서류에 변호사 공증 서류 받으러 다니랴, 어떤 아빠는 비자 소요 일수를 충분히 계산하여 여행을 잡았는데, 여행 전주까지 비자가 안 나와 몇 번을 이민국에 찾아가 겨우 여행 전날에 비자를 수령, 여행 간 경우도 있다. 다른 유학원에서는 비자 신청 방법을 잘못 알려 줘 일부 가족들에게 작은 소동이 생긴 적도 있다. 그나마 우리 가족은 비자 수령하라는 우편물이 안 와 이민국에 우편물 없이 직접 찾아갔더니, 이민국의 높은 사람을 우연히 만나 자기들의 실수가 있었다며 처리해 줘 운 좋게 바로 방문한 당일 수령할 수 있었다.

학생비자

몰타는 쉥겐 협약국이라 90일 동안은 비자 없이 체류가 가능하다. 13주 이상 수업을 신청해야 쉥겐 비자(학생 비자) 신청 자격이 주어진다.

https://dvisa.identita.gov.mt로 들어가서 간단한 본인 사항 기입 후 필요 서류를 업로드한다.

- Application Form: 쉥겐 비자용 신청 서류(사이트에 양식 있음)
- Copy of invitation letter from school: 어학원 등록 서류
- Bank Statement
- Bank Card
- Travel Insurance
- Full Passport Copy
- Flight Ticket
- Proof of Accommodation in Malta: 집 계약서류.
- Attendance Report: 어학원에서 출석률 서류를 만들어 줌, 출석률이 원칙상 80% 이상 되어야 함.
- GDPR Form: 일반적인 개인정보 동의 문서(사이트에 양식 있음)

어학원으로부터 컨펌받은 쉥겐 학생비자 전 서류를 업로드하고 2, 3일 뒤에 비자 신청비(70유로)를 결제하라는 링크가 걸린 메일이 오면 카드 결제를 하면 된다. 이 결제 영수증을 출력하여, 여권과 여권 사진 2매를 가지고 별도 예약 없이 이민국에 방문하여 쉥겐 비자 신청 확인 영수증

을 수령한다. 대략 한 달 뒤 이민국에 이 영수증을 들고 재방문하여 비자가 들어있는 여권을 수령하면 된다.

가디언 비자 VS 쉥겐 비자

나 같은 경우는 어학원을 다니기에 쉥겐(학생) 비자도 가능하고, 학교에 다니는 아이들을 통한 가디언 비자 신청도 가능하였다. 하지만 가디언 비자가 훨씬 더 좋다. 일단 가디언 비자는 신용카드 크기만 한 카드가 나오고 쉥겐 비자는 여권 속에 종이를 붙여 나온다. 가디언 비자는 기간이 1년이고, 쉥겐 비자는 6개월마다 갱신하여야 한다. 또한 쉥겐 비자 신청 시 여권을 제출해야 하는데, 비자가 나올 때까지 여권이 없기 때문에 여행 갈 수 없다. 어학원 다닐 때 가디언 비자가 있으니 방학신청이 언제든 가능하였다. 쉥겐 비자의 경우 어학원 기간과 연동이 되기 때문에 이건 불가능하다.

쉥겐 조약

유럽연합(EU) 회원국 간 무비자 통행을 규정한 국경 개방 조약으로, 쉥겐 조약 가입국은 같은 출입국 관리 정책을 사용하기 때문에 국가 간 제약 없이 이동할 수 있다. 1985년 룩셈부르크 남부 쉥겐에서 독일, 프랑스, 네덜란드, 벨기에, 룩셈부르크 5개국이 처음으로 체결하였으며 1995년 효력이 발생하였다. 현재는 그리스, 네덜란드, 노르웨이, 덴마크, 독일, 라트비아, 룩셈부르크, 리투아니아, 체코, 리히텐슈타인, 몰타, 벨기에, 스위스, 스웨덴, 스페인, 슬로바키아, 슬로베니아, 아이슬란드, 에스토니아, 오스트리아, 이탈리아, 폴란드, 포르투칼, 프랑스, 핀란드, 헝가리, 크로아티아, 불가리아, 루마니아 29개국이다. (아래 그림은 2022년 버전이고, 이 그림과 달리 크로아티아가 23년 1월 1일부로 쉥겐국에 가입하였고, 불가리아와 루마니아가 24년 3월 31일부로 가입 승인이 났다.) 쉥겐국 공항에서 쉥겐국과 비쉥겐국으로 이동할 때 공항 내 구역 설정이 다르고, 비쉥겐국 갈 때는 심사도 거쳐야 한다.

쉥겐 조약과 양자 사증면제 협약이 우선되는 것은 출입국 심사관 재량이므로, 양자사증 면제 협약을 앞세워 쉥겐국을 방문하다 문제가 될 수 있다.

무비자 - 180일 내 90일 체류 비자 갱신

대한민국 국민은 일단 쉥겐국에 180일 내 90일 무비자 체류가 가능하다. 다시 말하면 6개월 동안 3개월 체류가 가능하다. 90일도 쉥겐국에서 떠나는 날, 즉 출국날이 기준이다. 예를 들면 내가 23년 6월 28일까지가 가디언 비자 만료일이다. 그럼 그 전 입국날부터 이날(2023.6.28.)까지 합법적인 가디언 비자에 의해 쉥겐국에서의 체류가 가능하였다. 이후 다시 유럽 쉥겐국을 방문하려면 6월 29일부터 90일이 지난 9월 26일 이후부터 유럽 쉥겐국 입국이 가능하다. 9월 27일부터 90일 동안만 체류가 가능한 것이다.

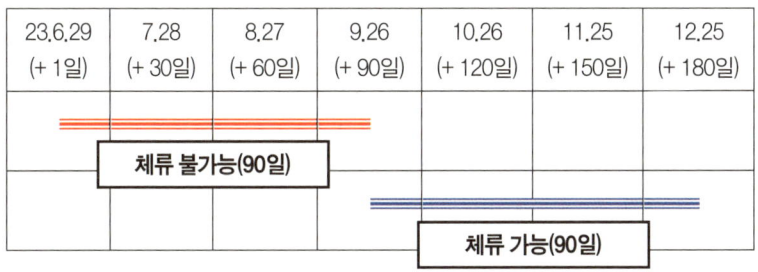

9월 26일 이전에 쉥겐국을 방문하면 이틀만 머물러도 180일이라는 기간이 가디언 비자 체류일 앞으로 당겨져서 90일을 당연히 넘게 된다.

우리보다 1년 전에 온 한인 가족들 중 네 가족이 몰타 연수를 한 해 더 연장하였는데, 이들은 첫해 비자가 끝날 쯤음 비쉥겐국으로 가서 3, 4일을 더 보내다가 몰타로 들어와서 180일 내 90일 체류 비자 갱신을 주장

하며 여름철 여행을 다녔다고 한다. 그들은 몰타 출국 전 이민국에 문의하고, 확인 메일을 수령한 후 다녀와서 문제가 없었다고 한다. 아빠들 모임에서 이 얘기를 하고 서로 확인해 봤는데, 내가 몇 번을 이민국에 문의 메일을 보내도 답변이 없었고, 다른 아빠들 말도 유럽 쉥겐국에 사는 여러 유학생들이 비슷한 내용을 대사관에 문의하여도 대사관에서 부정적인 답변을 달았다고 한다.

비자 만료 전 아내와 아이들 비자 갱신 신청을 해 놓아 불법 체류 신분은 아니게 되었고, 비자가 나오기 전까지 몰타를 벗어나지만 않으면 괜찮기에 나만 비자 만료 후 90일 이후에 몰타를 다시 방문하였다.

2) 유럽 영주권

EU 국가 중 한 국가에서 영주권을 받으면 EU 국가 어디서든 비자 걱정 없이 취업 및 거주할 수 있다. 영주권 얻은 자녀도 혜택을 받을 수 있는데, 유학생이 내는 학비가 100이라고 했을 때 학교마다 다르지만 대략 자국민은 10을 내고, EU 영주권자 및 시민은 20 정도를 낸다고 보면 된다. 영국이 EU로 묶여 있을 때에는 엄청 매력적으로 자녀를 유학 보낼 수 있는 방법이었다. 브렉시티 전 몰타 내 학교에서 영국 대학으로 가는 프로그램들이 있었다고 한다. EU 영주권을 쉽게 받을 수 있는 국가 중 하나가 몰타이다. 때때로 EU에서 몰타에 영주권을 쉽게 주지 말라고 경고하는 뉴스를 보았다.

영주권을 얻는 방법은 부동산 구입과 임차 두 가지 방법이 있다. 행정 비용은 둘 다 4만 유로 정도 필요하고, 기부금은 각각 3만, 6만 유로 정도이다. 투자금은 5년은 유지해야 하는데, 구입하는 데에는 35만 유로 이상(고조섬 및 몰타 남쪽은 30만 유로 이상), 임차하는 데 연 1만 2천 유로 이상(고조섬 및 몰타 남쪽은 1만 유로 이상) 필요하다. 유럽투자이민을 위한 최소비용으로 약 15만 유로로 몰타 영주권 취득이 가능하다. (3, 4년 전 금액)

부동산을 구매하여 임대 영업을 하면 되지 않겠냐는 생각이 들지만, 이는 외국인 자격으로는 안 된다고 들었다. 구매하거나 임대받은 부동산은 5년만 유지하면 되어 투자 기간이 짧은 편이다.

3) 치안, 의료시설(보험)

몰타의 치안은 타 유럽에 비하면 매우 안전하다. 유럽의 휴양지임에도 불구하고 소매치기나 사고가 거의 없다. 주변에서 몰타 내에서 소매치기를 당했다는 말을 들은 적이 없다. 밤늦게 술자리가 끝나 새벽에 걸어 다녀도 밝은 곳으로 다니니 무섭지도 않고 한국만큼 안전하다고 느껴졌다. 간혹 여자들도 밤늦게 택시 타고 들어오기도 했는데, 위험한 일이 일어났다는 말을 들은 적은 없었다.

의료시설도 꽤 훌륭하다. WHO나 각종 자료에서 몰타의 의료 시스템은 전 세계 국가들 중 상위권에 있다. 미국처럼 병원비가 엄청나게 비싸거나 대기가 길지 않다. 몰타 현지인들은 공공 병원에서 의료비가 무료이고, 유럽(EU 국가) 내 어딜 가도 무료라고 한다.

나랑 아이들이 첫 겨울이 시작될 무렵 감기로 고생했다. 5살 이후로 아이들이 감기 걸려도 열이 나지 않았는데, 몰타에서 열이 나 병원에 가게 되었다. 의사 선생님이 아이들도 낯선 곳에 온 것 자체가 스트레스라면서 친절하게 약 처방을 하고 약을 먹고는 나았다. 처음 방문한 병원은 24시간 운영하는 슬리에마에 있는 세인트제임스 병원인데, 오래 기다리지 않아서 좋았고, 의사들도 영국에서 공부하고 온 사람들이 많다고 들었다. 병원비도 8만 원 정도 내외로 나왔고, 한국에서 든 보험으로 100% 환불받았다.

한번은 돌로미티 여행 후 걸린 감기가 다 나은 것 같은데 간혹 있는 기침이 3개월가량 계속되어 혹시나 해서 병원에 간 적이 있었다. 엑스레이와 다른 검사를 했는데, 원인을 알 수 없어 기관지 쪽에 같은 이름인데 다른 곳에 있는 병원 스페셜리스트를 만나 보라며 소개해 주었다. 예약하려면 몇 달 뒤에나 가능하다고 하여 진료를 포기하였다. 대신 약국에서 해바라기가 그려져 있는 프로폴리스 약을 먹고 면역력을 증진시키는 방법을 택했다. 그리고 몇 달이 지나니 자연적으로 낫게 되었다.

체류한 지 6개월 이후에는 그지라나 슬리에마 내 약국에 의사가 근무하는 곳이 있어 가벼운 감기에 걸렸을 때에는 그곳에 가서 진료받고 약을 싸게 처방받았다.

교수네를 안 지 얼마 안 되어 그의 부인이 갑자기 잇몸이 내려앉아 스트레스를 많이 받았다. 그 부인이 한국에 가야겠다 하여 상황이 심각해, 몰타가 의료시설이 최고라며 현지 치과를 가 보는 것도 좋다며 권하였다. 그러고는 주변 한인들에게 물어 좋은 중국 선생님(마 선생님)이 운영하는 치과(잇몸 전문)를 찾아 진료 후 그 결과에 만족해하였다.

한번은 발바닥에 물집이 크게 생겼다. 몰타에서 걷는 걸 너무 좋아해 많이 걸어 생긴 병이었다. 세인트제임스 병원에 갔더니 의사가 본인의 전문 분야가 아니라 잘 모른다며 소독만 해 주었고, 발 전문의가 있는 세인트제임스-Burmarrad 쪽으로 안내해 주었다. 갔더니 환부를 잘라 주고 소독을 해 주었다. 그리고 소금물(바닷물과 같은 염도)과 소독약으로 매일 씻어 주고 소독하라고 처방한 후 3주 후에 보자고 했다. 내가 이게 티눈이냐, 무엇이냐고 물으니 모르겠다는 것이다. 발 전문의지 피부과 전문의는 아닌 듯했다.

나중에 그 시기에 한국에서 자녀 없이 한인 의사 부부가 들어왔다는 얘기를 듣고 발바닥 사진을 찍어 보여 줬더니 물집이고, 많이 걷거나 신발이 안 맞으면 아재 나이에 많이 걸린다며 소독을 잘하면 된다는 것이다. 한 달 정도 소금물로 잘 씻어 주고 소독하니 깨끗하게 다 낫게 되었다.

4) 외국인들과의 교류

외국에서 할 수 있는 제일 흥미로운 것 중 하나가 외국인들과 교류하는 것이다. 아내와 난 이런 걸 좋아하는 성향이어서 우리는 각자 어학원에서 만난 외국인들과 또는 아이들 부모 가족끼리 함께 보는 플레이데이트를 즐기며 자주 어울렸다.

몰타 입성 초반에 우리 아들을 자기 집으로 초대해 친하게 지냈던 덴마크 빌라스 가족, 아내랑 애 엄마가 절친이 된 프랑스 알리아 가족, 내성적인 딸아이가 하교하면서 친구와 허그하는 모습을 보고 그 친구를 집에 초대하면서 친하게 된 몰도바 엘리스 가족, 내가 1년 생활하고 떠난 후 아내와 친하게 된 프랑스-모르코 아밀리아 가족, 이탈리아 미아네와 조이네 가족, 러시아-볼리비아 블라드미르 가족, 우크라이나 울리아나 가족 등과 아내는 플레이데이트를 즐겼다.

아이들이 친구와 놀 때 자연스럽게 영어 실력이 늘어난다고 생각해 아내는 시간이 되는 한 플레이데이트를 자주 했다. 아이들은 친한 친구들을 만나 헤어지는 시간을 아쉬워할 만큼 잘 놀았고, 덕분에 어른들도 여유롭게 커피나 맥주 한잔하며 시간을 보낼 수 있었다. 아내는 사교성이 있어 외국에서도 변함없이 아이들 친구의 부모와 아이들끼리만큼 친해졌다. 아내 말로는 몰타가 우리처럼 자녀 영어 교육을 위해 해외 여러 나라에서 온 가족들이 많고, 그래서 그들도 플레이데이트에 적극적이고 본인들도 친구를 사귀고 싶어 하는 거 같다고 했다. 아내는 한국에서처럼 아이들 학교 보내고 친해진 엄마들과 오전에 커피나 브런치하러 다니며 유럽 곳곳의 교육 현실에 대해 듣곤 하였다. 한 번씩 품앗이처럼 애들을 번갈아 가며 서로의 집에 초대해 부모 대신 봐주기도 했다.

나는 때때로 어학원에서 만난 유럽, 남미 그리고 일본의 20대, 30대 젊은이들과 어울렸고, 아내도 어학원을 다니면서 같은 반 친구들과 다양한 모임을 가졌다. 주로 저녁 식사 겸 술 한잔하면서 다양한 연령대의 친구들과 어울렸다. 어학원 학생들도 수업 이후에 점심이나 저녁에 만나자고 하면 다들 기다렸다는 듯이 모두 참석하였다. 생각해 보니 이 친구들도 타지에 와서 외로울 수도 있고, 집에 혼자 있는 것보다 같은 반 친구들 만나 편하게 영어 스피킹 연습도 할 수 있으니 모임이 있으면 좋아하였다.

아영이네는 프랑스에서 온 반 아이 가족을 알고 지냈는데 이 가족은 집 대신 요트에서 생활하였다. 요트 정박료가 월 900유로 정도 한다고 들었는데, 주말에는 요트를 몰고 블루라곤, 고조섬 등 아름다운 바닷가에서 시간을 보낸다고 들었다.

4. 즐거운 몰타

1) 몰타 관광지

블루라곤

몰타 내 가 볼 만한 곳을 꼽으라면 제일 먼저 생각나는 곳이 블루라곤이다. 에메랄드 빛 바다가 펼쳐져 있으며 수심도 성인 허리나 가슴 정도까지 오는 곳이 넓게 자리하여 해수욕하기에 정말 좋다. 바닷물이 깨끗하고 수심이 얕으며 모래가 산호나 어패류 등으로 이루어져 하얗기에 푸른색과 하얀색이 조합되어 에메랄드빛을 띠게 된다고 한다. 아이들도 먼 바다로 나가지 않으면 바닷물에서 해수욕하기에 좋다. 여기 에메랄드빛 바다는 현실 속에 있는 유토피아나 파라다이스 가까운 느낌이 들었다. 한번은 비행기를 타고 가다 우연히 블루라곤 인근을 지나쳐 보게 되었다. 블루라곤 옆의 바다는 진파랑이었는데, 블루라곤만 에메랄드빛을 띠어 그 오묘한 아름다움을 높은 곳에서 보게 되어 감동이었다. 블루라곤 앞바다에서 보트에서 내린 미끄럼틀을 타며 신나하는 사람들을 보면 별천지라는 느낌이 든다. 또한 블루라곤 해변 가까이에 자리 잡고 있는 햄버거 가게들도 유명 관광지임에도 바가지요금이 아니고 음식 맛도 좋았다.

멜리에하 비치

블루라곤 외 추천하고 싶은 곳은 멜리에하 비치이다. 해운대 비치만 큰 긴 모래 해변으로 락비치가 많은 몰타에서 드문 모래사장을 자랑한다. 해변 수심도 깊지 않아서 한참을 가도 성인 허리 정도밖에 오지 않아 가족 단위로 놀러 오기도 좋다. 나의 최애 해변이다. 처음 다른 한인 가족이랑 방문했을 때 해외 휴양지에서의 멜리에하 비치 특유의 한가로움과 지중해의 따스한 햇살, 모래사장, 카페에서 내놓은 시원한 맥주 한잔에 온갖 근심과 한국 내 바쁜 생활에서 받았던 스트레스를 떨쳐 버리고 자연 그대로가 주는 휴양의 맛을 제대로 느낄 수 있었다. 잊을 수 없는 행복함이었다.

멜리에하 비치의 한가로움과 따사했던 좋은 추억이 있어, 다음번에도 몇 번 더 멜리에하 비치를 찾았다. 다른 한인 네 가족과 함께 중대형 버스를 대절하여 해변에서 술과 음식을 먹고, 해수욕장에서 게임을 하며 바다에도 뛰어들어 하루를 보냈다. 또 한번은 세종에서 근무할 때 같은 아파트에서 알게 된 공무원 가족이 비슷한 시기에 영국으로 유학 와 아내와 연락되었다. 아내의 초대로 몰타로 놀러와 3박 4일 일정 중 하루는 멜리에하 비치에서 함께 보냈다. 애들은 물놀이하고, 어른들은 음식과 맥주를 마시며 서로 살아가는 얘기를 하며 하루를 같이 즐겁게 보냈다.

기타 해변

저녁노을이 예쁘다고 소문난 골든베이 비치(모래)를 친한 한인 가족과 함께 방문하여 노을까지 보며 하루를 보냈다. 리비에라 비치(모래)는 콜롬비아의 에딘슨 커플이 함께 시간을 보내자고 제의하여 이 커플과 다른 콜롬비아 여자와 함께 하루를 보냈다.

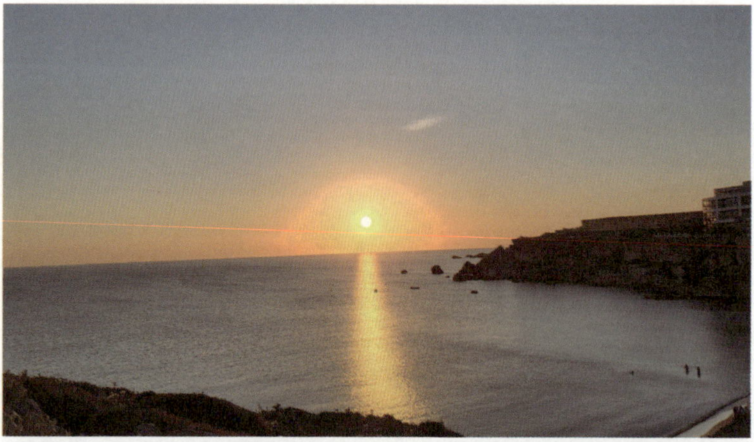

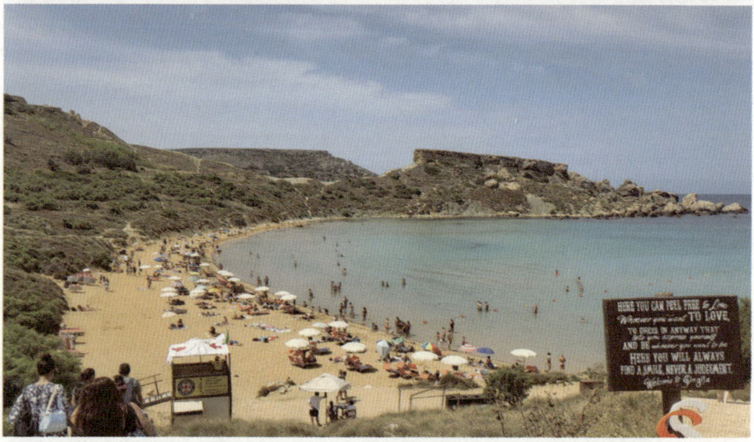
HERE YOU CAN FEEL FREE
TO LOVE
HERE YOU WILL ALWAYS

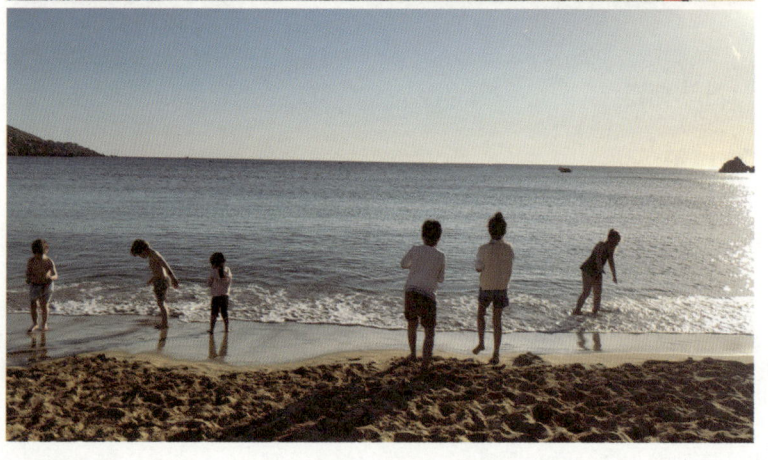

슬리에마 인근 곳곳에 락비치가 많다. 유명한 식당 겸 카페가 있는 서프 사이드 쪽으로 펼쳐진 락비치는 넓게 펼쳐져 있어 몇 번 다녀왔었고, 마노엘 섬 쪽에서도 놀았다.

서프 사이드 쪽 락비치

발루타 베이

뽀빠이 마을

1980년에 개봉한 영화 뽀빠이의 세트장을 테마파크로 꾸며서 관광코스가 되었다. 23년 6월 말에 한국으로 돌아간 이후 추석 연휴 2주간의 휴가를 내고 다시 가족이 있는 몰타를 방문하였다. 그때 안 가 본 곳이 어디지 하며 찾은 곳이 뽀빠이 마을이다.

23년 입장료는 성수기(6-10월)와 비수기가 다른데 우리는 10월 초 성수기로 인당 성인은 22유로, 아이(3세-12세)는 16유로 주고 입장하였다. 뽀빠이 마을은 한 번은 가 볼 만한데, 굳이 바쁜 일정이라면 추천하지는 않는다. 입장료를 내지 않고 Popeye Cliffs에서 뽀빠이 마을 배경으로 제일 좋은 사진을 찍을 수 있다. 입장료 내면 전용 해변에서 수영하고 바다 위에 있는 액티비티를 할 수 있다. 빠지가 있어 떨어지지 않고 뛰어가게 만들어 놓았는데, 아내와 아들, 딸이 도전하였다. 셋 중 아들만 물에 빠지지 않고 끝까지 뛰어갔다. 나는 짐을 지키며 그늘이 있는 베드에 누워 한량한 한때를 보냈다.

영업시간이 10시부터 5시 30분 정도까지라 노을이 지면 이쁘다던데 마감시간까지 노을이 지지 않는 절기라 노을을 보지 못하고 돌아왔다. 갈 때는 버스를 갈아타고 1시간 넘게 걸려 갔고, 돌아올 때는 출구에 밴 같은 게 대기하고 있어서 집과 가까운 곳으로 가는 밴을 싸게 타고 돌아왔다.

임디나

몰타의 옛 수도이다. 고대부터 중세까지 몰타섬의 수도였다. 임디나는 긴급 구조 차량과 결혼식 차량을 제외하고는 차량의 통행을 금지하고 있다. 유서 깊은 건물들과 골목들은 중세시대를 그대로 느끼게 해 주고, 〈왕좌의 게임〉 촬영지로도 유명하다. 3시간 정도 돌아보면 다 돌아볼 수 있기에 반나절 관광코스로 적당하다. 골목골목 걷다 보면 중세시대로 돌아간 느낌이 자연스럽게 든다.

발레타

몰타의 현 수도이다. 16세기 성요한 기사단에 의해 만들어진 항구도시인데, 잘 보존된 건물과 기념물들로 인해 발레타는 유네스코 세계문화 유산에 등재되어 있으며 많은 박물관, 궁전, 교회 등이 인기 있는 관광지이다. 발레타는 관광객들이 항시 넘쳐나며, 크루즈, 고조섬 고속페리, 비르구(3 cities) 등으로 갈 수 있  는 선착장도 있다. 슬리에마와 달리 유럽의 고풍스러운 건물들이 있어 여기가 유럽임을 쉽게 느낄 수 있다. 수도라 상공회의소 등 각종 행정 건물들도 많이 있다. 어퍼 바라카 전망대에서 바라보이는 확 트인 지중해와 건너편 도시 풍경도 일품이다. 슬리에마에서 버스 대신 페리를 타고 가면 지중해 바다를 느낄 수 있어 언제나 관광하는 기분이 들게 한다.

고조섬

우선 몰타섬에서 고조섬으로 가는 일반적인 방법으로 4가지가 있다. 첫째, 차가 있거나 렌트했다면 차를 몰고 몰타섬 북쪽 끝의 치케와 페리 (Cirkewwa Ferry) 터미널로 가서 페리에 차를 싣고 고조 임자르 페리 (Mgarr Ferry) 터미널로 가면 된다. 치케와 터미널에서 임자르 터미널은 페리로 25분 거리이다. 두 번째로 택시나 버스를 타고 치케와 터미널로 가서 페리로 임자르 터미널로 가는 방법이다. 페리 요금은 성인 왕복 4.65유로, 아이(3-12세) 1.15유로이고 고조섬에서 몰타섬으로 돌아올 때 지불한다. 슬리에마에서 버스를 타면 1시간 20분가량 혼잡하게 가야 하고, 택시를 타면 편하나 요금(슬리에마에서 약 25유로)이 추가로 발생한다. 세 번째로 발레타에서 고속페리를 타고 고조 터미널로 가는 방법이다. 요금은 편도 성인 1인이 7.5유로, 아이(4-10세)가 3유로이고 45분 걸린다. 네 번째로 슬리에마에서 일반 페리로 가는 방법이 있다. 슬리에마에서 고조로 가는 페리는 회사마다 다양한데, 중간에 코미노와 다른 곳을 들러서 가기도 했다.

고조에 갈 때 한번은 발레타에서 고속페리를 탔는데, 파도가 있는 날이어서 그런지 많이 출렁거려 뱃멀미를 하여 돌아올 때는 두 번째 방법인 치케와 터미널에서 택시를 타고 왔다. 또 한번은 아내가 아이들과 알리아네와 함께 고속페리를 타고 갔는데, 파도가 없어 편안했다고 한다. 아영이네는 고조 갈 때는 항시 렌트를 해서 가서 구석구석 알차게 돌아보곤 했다. 한국에서 가족들이 왔을 때도 고조에 렌트해서 며칠을 숙박하며 여행하였다고 했다.

고조섬에서 우리는 Hop on & Off 버스 투어를 이용하였다. 빨간색과 녹색 버스 2가지 종류가 있는데, 빨간색 버스의 투어 장소가 더 좋아서 선택하였다. 1인 20유로인데 호객행위를 하시는 분이 좀 더 깎아 주셨다. 하루 종일 관광지에서 내렸다가 45분 간격으로 또 다른 버스가 오면 탈 수 있다.

제일 인상 깊었던 곳 3곳을 소개하면 다음과 같다.

첫 번째로 좋았던 곳은 드웨자(Dwejra) 베이로 블루홀(Bluehole), 아주르 윈도우, 인랜드씨가 함께 있는 곳이다. 블루홀은 여름철에 사람들이 수영하거나 스쿠버다이빙을 하는 사람들이 제법 있다. 우리는 3월에 갔기에 수영은 엄두도 못 내었지만, 아영이네는 여름철에 블루홀에서 수영까지 하였는데, 고조에서의 제일 좋은 추억이었다고 한다. 이 지역은 〈왕좌의 게임〉에도 나왔던 곳으로 나중에 시청하면서 아는 곳이 나와 반가웠다.

아주르 윈도우는 2017년 3월 8일 폭풍으로 무너져 현재는 그 광경을 사진으로만 볼 수 있다. 인랜드씨는 사람들이 정확히 위치를 몰라 스킵하기도 하는데 꽤 볼만한 관광지이다. 동굴이 바다와 연결되어 보트를 타고 동굴을 지나 바다로 나가는 투어도 있다.

블루홀에서 수영

아주르 윈도우 침식 전·후 사진

블루홀에서 스쿠버다이빙

Inland Sea

드웨자 베이에서 절벽 쪽으로 바라보아도 장관이다. 아내가 다음 달 여행지인 영국과 관련하여 세븐시스터즈가 저렇다며 여길 봤으니 거기를 가 볼 필요가 없겠다며 웃으며 한마디 하였다.

두 번째로 람라(Ramla) 비치이다. 비치에서 칼립소 동굴(Calyso Cave)까지 15분이면 걸어갈 수 있는데, 언덕 쪽으로 둘러가지 않고 약간 위험해도 바로 질러 올라갔다. 칼립소 동굴에서 비치 쪽으로 사진을 찍었는데 환상적으로 나왔다.

세 번째로 슬렌디(Xlendi) 해변이다. 절벽과 절벽 위로 집들이 있어 이탈리아 남부 포지타노 느낌이 조금 난다. 애들과 해변가 식당에서 아이스크림을 먹고 사진을 찍으니 운치 있게 나왔다.

아영이네가 가본 후 추천했던 가스리(Ghasri) 협곡과 고조섬에서 유명하다는 염전은 가 보고 싶었는데, 가지 못했다. 고조를 가 보면 몰타와는 달리 한적한 시골과 같은 자연이 좋은데, 한번 가기에 번거로워 몇 번 못 가 봐서 아쉬움이 많이 남는다.

가스리(Ghasri) 협곡　　　　　　　고조섬 염전

President Kitchen Garden을 주말에 한번 방문하였는데, 아이들 놀이터도 있고 식당도 있어서 아이들 놀리고 어른들끼리 차 마시고 놀기에 괜찮다. 식당 음식은 너무 맛이 없어서 도시락을 싸 가지고 가는 걸 추천한다. 맞은편에 San Anton Garden이 있는데, 공작새도 있고 정원이 제법 넓게 펼쳐져 있어 2시간 정도 구경하기 괜찮다. 아내는 나중에 애들 친구 가족들과 플레이데이트를 여기서도 하였다.

President Kitchen Garden, San Anton Garden

쓰리 씨티즈

발레타 어퍼 바라카 가든에서 내려보았을 때 돌기처럼 나온 세 도시를 쓰리 씨티즈라 부르는데, 센글레아(Senglea), 빅토리오사(Victoriosa), 코스피쿠아(Cospicua) 세 도시를 일컫는다. 발레타에서 6인 정원인 작은 통통배 같은 것을 타고 갔는데, 지중해 해안도시라는 것을 물씬 느낄 수 있게 갖가지 화려한 요트들을 많이 볼 수 있다. 또한 발레타와 슬리에마와 다른 도시 풍경을 느낄 수 있다.

안 가 본 곳

다른 한인 가족이 **딩글리 절벽**에서 아름다운 석양과 별을 보았다고 하는데, 시골이라 불 켜진 곳도 없고 한적하여 별이 잘 보였다고 한다.

다른 사람들이 아기자기하고 인기 있다는 **파라다이스 비치**(모래)는 가 보지 못했다.

세인트 피터스 풀(St. Peter's Pool)도 아름답고 젊은이들이 다이빙하기에 매우 좋다고 한다. 학원 선생님이 **궁전 Palazzo Parisio**는 크리스마스 마켓 행사가 있다며 추천했는데, 가 보지 못했다. 크리스마스랑 상관없이 구경할 수 있는 몰타에서 드문 유럽식 궁전이다. 몰타는 섬이라 참치 같은 물고기가 유명하고 **마샬슬록**에 한 번쯤 가 볼 만한 어시장이 있다고 한다. 아내는 한국의 다른 엄마랑 다녀왔는데, 난 가 보지 못했다.

2) 즐길 거리

아쿠아루나

여름철 우리 가족의 최애 장소이다. 집 앞이라 할 정도로 집에서 1분 거리에 위치하여 한인 가족들 중 우리가 제일 많이 방문하였을 것이다. 22년도에는 반나절(14-18시) 이용료가 성인 1인에 10유로, 금요일과 주말이 15유로 받았다. 아이들은 무료이다. 23년도 하반기에는 각 20유로, 25유로 받았다. 10시부터 하루 종일 하면 2배 가까이 받는데, 종일 있으면 지겨워 반나절 있기에 딱 좋다. 지중해 바다 앞에서 유럽인들은 선탠을 하다 가끔씩 수영장에 들어간다. 아이들이 거의 없어서 애들 데리고 가면 우리 애들만 종일 수영하고 논다. 애들에게 수영하기에 어느 장소가 제일 좋으냐 물으면 아쿠아루나라고 답한다. 내 리쬐는 뙤약볕에 유럽인들은 선탠하고 우리는 파라솔 그늘에서 맥주 한잔하며 아이들이 수영하며 노는 것을 지켜보면 낙원이 따로 없다는 느낌이 든다. 가끔 유럽인들과 스몰토크하고, 친한 한국 가족과 와서 한때를 보냈다.

세르비아 커플과 함께

아쿠아루나

승마체험

이탈리아 돌로미티 여행에서 딸아이가 말과 교감한 후 계속 말을 보고 싶다고 졸라 몰타 내 승마 체험을 알아보았다. 그냥 구글맵에서 Horse riding을 치고 검색하여 당일 문 열고 집에서 가까이 있는 곳을 찾아갔다. 다른 곳들은 1시간에 30유로에서 40유로 가까이 받는데, 우리가 간 Bidnija horse riding은 정통 시골 농장이었고, 1시간 트레킹하는데 요금이 인당 20유로였다. 처음에 애

들 모두 말이 무섭다고 타지 않았는데, 딸을 억지로 태우고 있었더니 나중에는 라이딩을 즐기게 되었다. 아들은 무섭다고 타지 않아 내가 탔는데, 말이 온순하고 라이딩이 제법 재미있었다. 아내가 트레킹하는 길도 아름답다며 좋고 저렴한 곳을 찾아서 남들에게도 추천할 만하다 했다.

마을 축제

22년 10월, 고조섬에서 했던 연날리기 축제 때 한인 가족들과 단체로 갔었는데, 고조의 한적하고 자연 그대로를 느낄 수 있어 좋은 기억이 있다.

비르구 캔들 축제도 10월경에 있는데, 한 번은 가 볼 만하다.

여름철에는 관광객들도 많은 철이라 여기저기서 불꽃놀이 축제가 열리는데 자주하고 오랜 시간 동안 한다. 불꽃놀이 국제대회도 열리는데 사실 한국만큼 화려하지는 않다.

이 외에도 맥주 페스티벌, 지중해 망망대해에서 펼쳐지는 요트 경기도 볼 수 있고, 마을 곳곳에서 펼쳐지는 축제 덕분에 몰타에는 다양한 즐길 거리가 많다.

쇼핑

몰타에서 쇼핑하는 것은 조금 불편하다. 특히 의류 같은 것은 한국의 대형 쇼핑몰이나 아울렛 같은 곳이 없다. 아내는 주로 슬리에마 포인트 몰이나 자라 매장을 자주 가서 필요한 의류를 구매하였다. 특히 슬리에마에 있는 자라 매장을 아내는 매주 들러 새로 전시해 놓은 옷을 구경하였다. 슬리에마에 백화점 같은 곳도 있는데 한국의 대형 규모가 아니어서 딱히 살 게 많지는 않아 보였다. 데카트론 매장이 하나 있는데, 수영용품이나 스포츠용품 사기에는 적당하다. 전기제품이나 학용품 같은 공산품은 몰타에 제조공장이 없어 거의 유럽의 타 국가에서 수입하기에 한국산보다 품질도 떨어지고 가격도 비싸기에 웬만하면 한국에서 구매하여 들어오는 게 좋다.

클럽

스페인에 이비자섬이 있다면 몰타에는 파처빌이 있다. 쿵쾅거리는 음악에 젊은이들뿐만 아니라 60대 노인분들도 방문한다. 누구나가 와서 간단한 술 몇 잔에 음악에 몸을 맡기고 흥을 즐긴다. 밤 12시가 넘어가면 청춘 남녀 사이에 봉인(?)이 풀린다고 한다. 난 아빠들 모임에서 2차례 정도 방문했으나, 12시가 되면 피곤해져서 집으로 돌아와야만 하여 그 광경을 지켜보지는 못했다.

3) 먹거리

몰타에서는 외식보다 마트에서 식재료를 구매하여 요리해 먹는 것이 훨씬 가성비가 좋다. 외식 물가는 한국과 비슷한 수준이다. 그나마 피자가 싼 편이다.

웬조우(Wenzhou) 수퍼마켓, 오리엔트(Orient) 마켓, 아시아 마트 같은 곳에서 종갓집 김치를 구매할 수 있다. 라면도 여러 종류 팔고 간장,

고추장 등 다양한 한식 재료나 아시아 식재료를 살 수 있어 집에서 한식 조리가 가능하다. 쌀은 한국에서 수입한 쌀을 찾을 수 없기에 일본에서 온 스시용 쌀을 사면 한국 쌀과 비슷하다. 가까이에 사는 아영이네는 우리를 초대하여 수육을 직접 만들어 한 번씩 손님 대접을 하였고, 아내는 사람들 초대하면 주요리가 김밥과 김치전, 그리고 닭다리를 양념하여 오븐에 익혀 손님들에게 대접하였다.

추천할 만한 한식 식당으로는 분위기 좋은 클럽 스시나 뷔페식인 코이 레스토랑과 가까운 슬리에마에 있는 도마나 컵스가 있다. 발레타에도 한식당이 몇 군데 있다고 들었는데 가 보지는 못했다.

한식당이 아닌 식당으로 추천할 만한 곳이 슬리에마에 있는 Tiffany's Bistro와 지중해 바다가 보이는 뷰 맛집인 Surfside에서 폭립을 시켜 먹는 것도 괜찮다. 타이 전문 식당인 One Thai Kitchen는 가성비가 좋고 볶음밥이 맛있었다. 그지라 공원 쪽의 Jungle Joy 레스토랑도 타이 음식 전문점인데 가성비가 있어 괜찮다.

처음에 몰타에 도착하여 현지식이나 외식을 자주 하였다. 하지만, 이내 비싼 돈 주고 입에 맞지도 않는 음식으로 단순히 배를 채우기 위해 먹고 있는 것을 깨닫고, 시간이 지날수록 한식과 아시아 식당으로 발걸음을 옮겼다. 피자도 처음에는 현지 피자집에서 사서 먹었으나, 한인 가족에게 피자헛이 한국에서 먹던 피자 맛이랑 비슷하다며 추천받아 먹었더니 아이들도 피자헛을 더 선호하였다.

티파니

서프 사이드

　리들(Lidl)에 가면 정말 저렴하게 장을 볼 수 있다. 프랑스 보르도산 와인을 4.99유로에 한 병을 구매할 수 있는데, 나의 최애 와인이었다. 다른 한국 사람들을 초대하였을 때에도 이 와인을 대접하였는데 다들 좋아하였다. 나는 틈날 때마다 이 와인을 집에 재워 놓았다. 삼겹살(Pork belly)도 리들에서 정말 싸게 구입하였다. 400g 한 팩이 3유로 정도이다. 3팩

정도를 사면 14유로(2만 원) 정도에 4인 가족이 충분히 먹을 수 있다. Miracle Food에서 냉동 삼겹살이나 Chef choice에서 삼겹살을 즐겨 먹는 한인 가족들도 있다.

리들 외에 웰비스에서도 다양한 과일과 먹거리를 구매할 수 있다. 나는 양주와 포도, 사과 등 과일과 함께 브리타 정수기와 그 필터는 웰비스에서 구매하였다.

몰타는 참치가 유명한데 참치회를 수산물 가게인 Azzopardi Fish shop에서 사 먹거나, Greens에서 포장된 것을 먹을 수 있다. Azzopardi shop은 날것 그대로를 팔아 시장 같고, 싸고 빨리 팔리기에 아침 일찍 가야 구매할 수 있다. Greens 마트에서는 참치회는 한 팩에 3유로 정도로 싸지만, 그지라에서 좀 멀어서 냉장 이송이 필요하였다. 우리는 냉동 연어를 구매하여 같이 포장하여 운반하였다. Azzopardi shop이나 리들에서 연어도 구매하여 종종 먹었는데, 연어 가격이 조금 비싸 나중에는 마트에서 냉동 연어를 사서 먹었는데, 맛의 차이가 별로 없었다.

4월 무렵 딸기 철에 나오는 딸기도 길거리에서 사서 먹었는데 크고 맛있었고, 지중해 과일도 마트 등에서 사서 마음껏 먹을 수 있다. 야채 구매는 이사 갔던 그지라 집 근처에 Patrick's Green grocer가 있는데, 신선하고 가격이 무척 저렴하였다.

맥주는 처음에는 현지 유명한 맥주인 치스크(Cisk)를 즐겨 마셨다. 나중에 알게 된 블루라벨(Blue label) 맥주가 이보다 좀 더 맛있었다. 마시는 물은 생수를 사서 먹었고, 밥할 때나 음식용으로 쓰는 물은 브리타 정수기로 필터한 물을 사용하였다. 수돗물은 석회수가 들어 있어 마시면 건강에 좋지 않다.

Azzopardi shop

5. 내가 본 유럽 문화

축구

유럽에서 축구는 일상이다. 어학원에서 프랑스 대학생 둘이 아침마다 전일 있었던 축구 얘기를 하길래 손흥민 아냐고 물었더니 잘 안다고 얘기하면서 그네들 얘기에 낄 수 있었다.

어학원에서 집으로 오는 슬리에마 해변 대로에 펍(Pub)과 바(Bar)들이 늘어서 있는데, 항상 EPL, 세리아 A 등의 축구 경기를 방송하였다. 2022년 카타르 월드컵 기간에 이쪽 펍에서 아는 한인들끼리 모여 축구 경기를 응원하였다. 16강 마지막 경기에서 포르투갈을 꺾었을 때 여기서도 축제 분위기였다. 펍에서 한인들이 모여 환호를 하고 있으니 경기가 끝난 후 센스 있는 펍 종업원이 '강남 스타일' 음악을 틀어 주고, 옆에 앉아 구경하던 다른 외국인들도 축하의 제스처를 건넸다. 그야말로 애들과 어른들이 한바탕 춤추며 신나는 오후 한때를 보냈다.

집 인근 해산물 식당에서 일하던 종업원이 우리가 들어가자 어느 나라에서 왔냐고 물어 한국인이라고 대답하니, 지리적으로 가까이에 있는 이탈리아 나폴리의 김민재 선수 팬이라며 호감을 드러내었다.

우리 아들도 한국에서부터 축구 클럽에서 축구를 배웠다. 몰타에서도 방과 후 몇 달간 축구 클럽에서 활동하였다. 아들과 포인트 몰 광장에서 축구놀이를 하면 현지 몰타 애들이 몰려와 같이 하자고 말 붙이고, 한번은 몰타 부자가 같이 하면 안 되겠냐 제의하여 한국:몰타의 2:2 작은 축구 경기를 하기도 하였다.

친한 프랑스 가족인 알리아 가족과 만날 때면 여자애인 알리아와 딸아이가 같이 놀고, 알리아 오빠인 아이만과 아들은 축구하면서 친해졌다. 아들은 Year 4에서 반 친구인 블라드미르(우크라이나 출신)와도 축구를 서로 좋아하면서 친해졌다. 그지라 파크에 항상 축구공을 들고 놀러 가면 미리 나와 있는 현재 애들과 어울려 축구를 하였다.

현지에서 한국에서 중계하는 토트넘 축구 방송을 보기가 힘들어 겨우 무료 인터넷 생중계방송을 찾았다. https://livetv.sx/enx/ 여기 사이트에서 유럽 축구 경기를 영국 중계와 러시아 중계로 방송한다. 가끔씩 접속자가 많으면 튕길 경우도 있으나 더 나은 대안은 찾지 못했다. 참고로 한국에서도 접속이 가능하다.

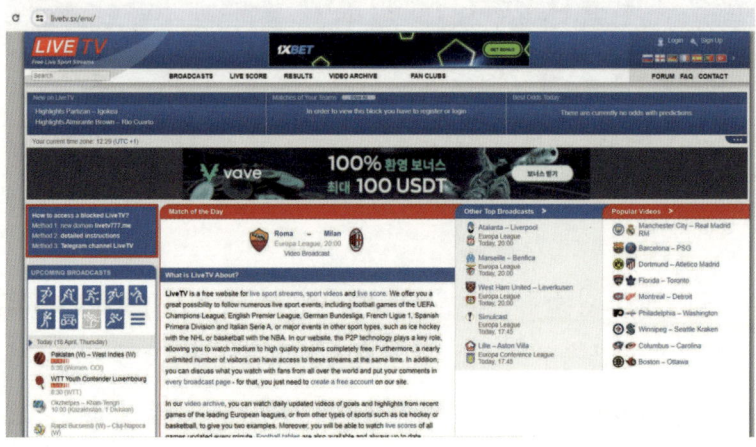

정복의 역사

어학원 수업 중 일본 얘기가 나와서 내가 한국인들은 일본을 싫어한다며 예전 일본 식민시대를 이유로 들었다. 이내 선생님이 유럽은 유럽 내 국가들이 서로 정복하고 지배한 역사가 수없이 많아 자기네들은 그런 걸 일상처럼 생각한다며 그런 이유로 미워하지 말라며 한 말씀 하셨다. 그러고 보니 유럽의 역사를 살펴보면 로마 시대부터 지금까지 수없이 많은 침략과 정복의 역사가 있다. 우리는 단 한 번 겪었기에 그 수모가 크게 다가오는 듯하다.

현재를 즐겨라

유럽인들은 미래보다 현재를 더 중요시하고 즐기는 문화가 만연하다. 예전 대학시절 사귀었던 스페인 여자 친구도 미래만을 바라보고 있던 내게 현재를 즐기라고 충고하였다. 반면에 한국은 미래에 좀 더 많은 가치를 두고 현재는 조금 힘들더라도 미래를 향해 열심히 일한다. 남미 또한 유럽의 지배를 받았고, 아직도 그 영향을 받고 있으니 비슷한 면이 많다.

어학원에 다니지 않게 된 5, 6월에는 몰타 선생님으로부터 1:1 과외를 하였다. 과외 선생님이 27살 정도인데, 안정된 직장을 잡으려는 노력 없이 과외벌이로 돈을 모아 세계 다른 나라에서 몇 년간 살려는 노력을 하고 있었다. 학창 시절에는 1등도 했다며 자랑하더니, 어릴 적부터 엄마가 너 하고 싶은 거 하라는 말을 많이 듣고 자랐다고 한다. 25년쯤에는 한국에서 살아 볼 계획으로 내게 한국의 한 달 생계비와 원룸 임대료 등을 물어보았다.

어느 날 유학원 원장님을 초대해 아빠들 모임에서 저녁을 먹은 후 2차로 파처빌 인근에서 술 한잔을 더했다. 스웨덴에서 왔다며 24살 정도 되는 여자애가 술에 취해 우리에게 말을 건네 왔다. 낮에는 아르바이트로 일한다는데, 시급이 스웨덴보다 훨씬 낮은 몰타에 온 것으로 보아 휴양지에서 젊음을 즐기러 온 경우라며 유학원 원장님이 한마디 더했다. 몰타에서는 이런 젊은 사람들을 흔하게 볼 수 있었다.

스몰토크, 오픈 마인드

유럽 등 서구권에서는 모르는 사람과 스몰토크가 흔하다. 이는 모르는 사람에게도 서구 특유의 Open 마인드가 있기 때문이다. 아내는 처음 몰타에 적응하면서 많은 것을 흡족해하면서도 아쉬운 게 하나가 있다고 했다. 다 좋은데 영어 네이티브가 주위에 없다며 애들 영어 늘리려 네이티브 영어를 하는 아이들을 우리 애들과 붙여 주고 싶어 안절부절못하였다.

한번은 발레타를 가기 위해 슬리에마 페리 선착장에서 페리를 기다리는데, 마침 우리 애들과 똑같은 교복을 입은 애들이 엄마랑 얘기하는데, 영어가 유창하였다. 아내가 어느 나라에서 왔냐고 물었더니 캐나다에서 왔다고 하였다. 우린 놀라며 왜 캐나다에서 여기 왔냐며 우리와 같은 많은 사람들이 몰타에 영어를 배우러 오는데, 굳이 여긴 왜 왔냐 물으니 몰타어를 배우러 왔다며 수줍게 웃으며 조크를 던졌다. 엄마의 영어 발음이 명확했고, 정말 r 발음까지 구분할 수 있었다. 몰타에서 몰타 영어 등 Broken English나 글로비쉬를 듣다가 네이티브를 들으니 가슴이 뻥 뚫리는 기분이었다. 아내는 좀 더 얘기하다가 애들이 같은 학교 애들이라며 알고 지내자며 연락처를 주고받고는 다음 만날 약속을 하였다. 한국 엄마의 자녀 영어 교육에 대한 열정이 스몰토크로 빛을 발하는 순간이었다.

인종차별

유럽 내 인종차별은 엄연히 존재한다. 하지만 몰타에서는 느낀 적 없고 인종차별을 당했다는 말도 좀처럼 들어 보지 못했다. 예전 8년 전 아내와 프랑스 파리 여행 중 지하철 안에서 약을 했는지 술에 취했는지 젊은 남자가 지하철 객실 내 여기저기를 돌아다니며 사람들에게 말을 건네다가 우리에게 다가와 프랑스에서 나가라며 들었던 게 내가 여행 중 느꼈던 제일 기분 나빴던 인종차별이었다.

그러한 인종차별을 우리 가족과 제일 친하게 지냈던 알리아 가족에게 일어났다. 알리아 아빠, 엄마는 아프리카 카메론 출신이어서 흑인 계열이었는데, 알리아 오빠인 아이만이 학교에서 수학여행으로 이탈리아 시칠리아로 반 전체가 여행을 가게 되었다. 이탈리아 측에서 반 애들 중 유독 아이만에게만 여권을 제출하라고 요청하였다고 한다. 이유는 아이만 피부가 까매 유럽에 아프리카계 난민들이 넘쳐 그런 부류로 의심한다는 추정이다. 유럽 여행 시 유럽인들은 다들 체류 비자만 들고 다녀서 아이만 여권은 파리 집에 두고 몰타에 가지고 오지 않았다고 한다. 하는 수 없이 아이만만 수학여행을 친구들과 못 가게 되어 그 애 엄마와 내 아내가 아이만을 많이 위로해 주었다고 한다.

러시아의 우크라이나 침략전쟁

22년 2월부터 러시아가 우크라이나를 침략하여 현재까지 전쟁 중이지만 몰타에서는 러시아인과 우크라이나인이 같이 살아가고 있다. 우리가 사는 아파트에 영어가 거의 되지 않는 우크라이나 아줌마가 전쟁이 발발한 후 어느 날부터인가 건물 청소일을 하기 시작하였는데, 몇 개월 지난 어느 날 계단에 앉아서 울고 있어서 아내가 왜 그러냐고 물었다. 그러자 푸틴이 전쟁에서 조금 밀리자 다시 추가로 징병을 한다는 소식을 들었다는 것이다. 전쟁이 먼 나라 얘기처럼 TV나 방송매체를 통해서만 접하였는데, 피부로 다가오는 순간이었다.

어학원에서 러시아와 우크라이나 사람들이 같은 반에 배정받기도 하였다. 선생님이 처음에는 신경 안 쓰고 수업에 참여시키게 되었는데, 둘이 서로 대화를 안 하기에 나중에는 서로 1:1 대화 파트너를 안 하게끔 배려해 주었다.

러시아가 우크라이나로 침공하던 초기에 딸의 절친인 엘리스네는 키이우에서 생활하고 있던 중이었다. 키이우에 미사일로 포격한 날이 마침 엘리스의 생일이었는데, 지하 벙커에 누워 있는 엘리스의 사진을 그녀 엄마가 보여 주었다. 해맑은 엘리스가 지하 벙커에서 가벼운 담요를 깔고 움츠리고 있고, 자기가 살던 앞 건물이 미사일에 맞아 뻥 하는 소리가 들렸다는 얘기를 들으니 그 공포감이 엄청났으리라 생각이 들었다. 하지만 그 공포감의 크기는 겪어 보지 않은 사람은 상상할 수조차 없을 것이다. 몰타 와서 이런 얘기를 들으니 전쟁이 마냥 먼 나라 얘기만은 아니라고 느껴졌다. 우리도 북한과의 전쟁을 절대 함부로 말해서는 안 될 것 같다는 생각이 들었다.

6. 각종 유용한 정보

휴대폰 통신

몰타의 통신요금과 비교가 되는데, 우리나라 통신 요금이 많이 비싼 편이다. EPIC Promo 요금제는 4주간 200분 국내통화, 200건 문자, 데이터 8기가를 주는데 이용료가 4.99유로이고, 텍스로 1.XX유로가 더 붙는다. 추가로 데이터만 이용하는 요금제(6유로)도 있고 무제한 요금제(25유로부터)도 있다. 이 요금제로 생활하는데 전혀 부족함이 없었다. 매달 통화와 문자는 반도 못 썼고, 데이터도 집에서는 WiFi가 되니 항상 남아 버렸다. 하지만, 아내는 현지 한인 엄마들과 길게 통화를 해서인지 200분 통화가 항시 부족하였다.

Promo 요금제는 첫 개통 시 9.99유로이고 이후 6개월간은 4.99유로이고 다음 6개월은 9.99유로이다. 내가 1년 생활 뒤 한국에 돌아가서 중간에 중지하였다가 몰타로 2주간 복귀하여 다시 이용하니 4.99유로 요금이 적용되었다. 이는 몰타에서뿐만 아니라 유럽 여행 시 전화기를 껐다 켜면 현지 통화와 데이터 이용이 가능하다. 유럽 외의 해외로 전화하면 금방 한도가 없어진다. 한국으로 통화 시 2, 3분 통화하면 한도가 초과하게 된다.

EPIC으로 유럽 여행 시 쓸 수 있는 국가는 다음과 같다.

오스트리아	벨기에	불가리아	크로아티아	사이프러스
체코	프랑스	독일	덴마크	에스토니아
핀란드	그리스	헝가리	아일랜드	아이슬란드
이탈리아	리투아니아	룩셈부르크	라트비아	리히텐슈타인
모나코	노르웨이	폴란드	포르투갈	루마니아
슬로베니아	스페인	슬로바키아	스웨덴	네덜란드
영국				

레볼루트(Revolut) 카드

몰타에 도착하니 레볼루트 카드를 만들라는 추천을 받았다. 몰타 가기 전 트래블월렛 카드를 만들어 가지 못하여 후회를 했는데, 이 카드를 만들고 나니 그런 우려가 싹 없어졌다. 현지 한국 가족들은 대부분 다 만들어서 사용하였다. 사용해 보니 상당히 편리하였다. 체크카드처럼 돈을 입금시켜 놓고 현지에서 상대방 전화번호로 쉽게 송금할 수 있고, 가게에서 신용카드처럼 사용할 수 있다. 또한 현금 인출도 가능하다. 해외 송금앱을 이용하여 레볼루트 계좌에 입금시킬 때 발생하는 수수료 외 연회비니 이런 추가 비용이 전혀 없다. 나는 해외 송금앱으로 Utransfer 앱을 사용하였다. 500유로 기준으로 이 앱과 레볼루트 카드를 이용했을 때 현지 현금인출기로 유로를 인출했을 때보다 5,000원이 절약되었다.

보안성 또한 믿을 만했다. 런던 여행을 다녀온 후 몰타에 체류 중이었는데, 누가 카드를 복제하였는지 누군가가 이 카드를 런던에서 사용했다며 앱에서 자동적으로 중지시켰다. 아마 그 시기에 몰타에서 줄곧 카드를 사용하고 있었는데, 물리적으로 불가능한 거리에서 카드 결제가 이루어져 앱에서 자동적으로 카드사용 중지가 일어난 것 같았다. 곧바로 카드를 해지한 후 새로운 카드를 발급받았다.

국제택배

한국에서 출국할 때 캐리어 개수를 줄이기 위하여 택배를 하나 붙였다. DHL을 이용하였는데, 택배는 일주일 내에 몰타에 도착하였는데 계속 집으로 배달되지 않아 알아보니 택배 안에 있던 전기장판이 문제였다. 겨울에 쓰기 위한 전기장판 몇 개와 아이들용 학습지와 조리기구 등이 들어 있었는데, 전기장판에 CE 유럽인증마크가 없어 몰타 통관에서 문제가 되었다. 한국 인증마크가 있지 않느냐며 아무리 사정을 하여도 안 된다는 것은 안 되었다. 하는 수 없이 전기장판을 포기하고 나머지만 받겠다고 하여 택배를 수령하였다. 택배를 보내려고 고려한다면 전기제품 등은 직접 캐리어에 넣어 오는 것이 문제가 생기지 않는 방법이다.

전기코드

한국이 220V 60Hz를 사용하는 반면 몰타는 230V 50Hz를 사용한다.

콘센트도 우리와는 다른 G타입을 사용하여 3개의 구멍이 있다. 전기밥솥이나 헤어드라이어 등 작은 전기제품은 콘센트 변환기(2~3유로 정도)을 꼽고 사용하면 문제없이 쓸 수 있다. 이 변환기가 없을 때에는 가운데 구멍에 전기가 통하지 않는 작은 나무젓가락 같은 것으로 넣은 후 한국에서 쓰는 2구 콘센트를 넣어 사용할 수 있다.

 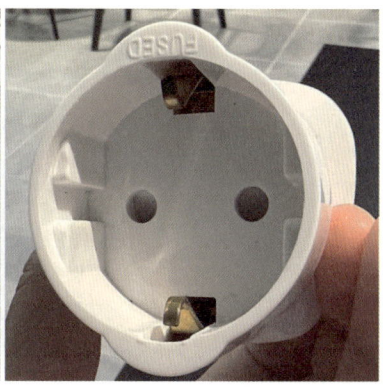

쓰레기 분리수거

몰타에서도 쓰레기를 분리수거한다. 재활용(Recyclable waste), 음식물 쓰레기(Organic waste), 그리고 일반쓰레기(Mixed waste) 3종류로 구분하여 요일에 따라 버린다. 23년 초부터 재활용이 가능한 빈 병과 콜라병 같은 플라스틱 병은 마트 같은 곳에 있는 RVM(Reverse Vending Machine) 기계에서 1개당 10센트씩 환불한다. 음식물은 월, 수, 금요일에 유기농 봉투에, 일반쓰레기는 화, 토요일에 검은색 봉투, 재활용은 목요일에 회색 혹은 녹색 봉투에, 유리병은 매달 첫, 셋째 주 금요일에 수거한다. 보통 쓰레기는 집 앞에 내놓는데 쓰레기차가 와서 치운다. 길거리 다닐 때 걸리적거려 좋지는 않았다.

휴대폰 수리

22년 겨울, 한국 유심칩을 빼고 끼우다가 유심칩 트레이에 넣지 않고 그냥 넣어 버리는 실수를 범하였다. 빼려고 했는데, 잘 빠지지 않고 더 들어가 버려 휴대폰 수리점을 찾아 유심칩을 빼 달라고 했는데, 여기저기 더 쑤셔 버려 기판이 상한 듯하였다.

수리점에서 유튜브를 보며 휴대폰 분해 방법을 익힌 후 유심칩을 빼내어 올바르게 장착하였다. 한동안 정상 동작하였는데, 한번 휴대폰이 떨어진 후 데이터 통신이 안 되는 고장이 발생하였다. 한 번도 고장 안 나던 삼성 휴대폰이 몰타 와서 고장 날 줄이야! 몰타 내 애플폰 취급하는 매장은 있었지만, 삼성 휴대폰 서비스 센터는 아무리 수소문하여도 찾을 수 없었고, 한국으로 수리를 보내든지 유럽 대도시에 가야만 했다.

유학원에 얘기했더니 답을 주었다. 유학원 원장이 한국으로 돌아가는 사람과 몰타로 들어오는 사람을 섭외하여 휴대폰 운반을 맡길 수 있었고, 난 한국 지인에게 수리를 부탁하였다. 메인 기판이 고장 나서 그걸 교체한 후 정상 동작하였고, 무사히 휴대폰을 인편으로 받을 수 있었다. 현대 사회에서 휴대폰 없이 생활하니 너무 불편하였다.

운전 및 대중교통

한국에서 차량 운전할 때는 우측방향으로 주행을 하고 운전석은 차의 좌측에 있다. 하지만 몰타에서는 섬나라인 영국과 일본처럼 모든 게 한국과 반대이다. 이유를 찾아보니 원래 영국에서 시작되었다고 한다. 영국에서 마차를 사용하다가 마부의 오른손으로 채찍을 사용하다 보면 옆 사람이 맞는 경우가 생겨서 마부의 위치를 오른쪽으로 옮긴 것인데, 이게 자동차까지 이어졌다는 게 정설이다. 우리나라는 반대로 미국의 좌측 핸들과 우측 주행을 따랐다.

익숙하지 않은 운전 방향도 한 이유이지만, 한국 사람들 대부분이 몰타에서 차를 구입하지 않은 이유가 있다. 몰타에서 운전이 한국보다 더 거칠고, 좁은 나라에 비해 차가 훨씬 많아 주차 공간이 많이 부족하다. 택시 앱이 발달되어 있고, 주변 해변까지 걸어서 이동할 수 있고, 버스가 22년 10월부터 탈린자 카드 소지 시 무료로 되어(공항버스 TD 노선 제외) 중고차도 구입할 필요가 작아졌다. 탈린자 카드는 슬리에마-발레타 페리 이용 시에도 무료로 이용할 수 있다.(근데 원래는 무료로 알고 있으나, 때때로 1유로 요금이 자동계산 되었다.) 탈린자 카드 발급비용은 등록비, 배송료 및 첫 탑업 비용으로 26유로 정도 필요하다. 중고차 구입으로 인한 생활의 편리함이 주는 이득이 리스크와 비용 대비 작다는 결론을 내렸다.

한국에서 온 가족 중 운전병 출신에 업무도 운전과 관련된 일을 한 아빠만 계속 필요시마다 렌트하였다. 그 가족은 고조섬으로 여행 갈 때나 먼 해변 갈 때, 쇼핑할 물건이 많을 때, 이사할 때 등에만 렌트를 이용하였다. 몰타에서 운전해 본 외국인 말을 들으니 처음 운전할 때 조심해서 시작하여 익숙하기 전까지 하루, 이틀 천천히 운전하다 점차 익숙해지면 문제없다고 하였다.

한식 찬양

맛있는 이탈리아 스파게티나 피자, 스페인의 타파스 요리를 먹을 때에도 뭔가가 허전하였다. 스페인의 타파스는 먹는 순간 한국 음식이 생각나지 않을 만큼 맛있었지만, 그것은 그 순간뿐이었다. 이집트의 양고기를 먹을 때에도 한국의 맛과 비슷한 맛에 만족하였다. 하지만, 여행 중 맛난 음식 뒤에 자기 전 얼큰한 컵라면이라도 먹을 때면 뭔가 마음에 안식을 되찾은 기분이 들었다. 해외 거주나 여행 중 만난 고추장을 풀어놓은 한식은 그야말로 어머니의 맛이자 영혼의 안식처였다.

몰타에서 아빠들 모임에서도 우리들의 즐겨 찾는 장소는 한식당 도마였고, 여기서도 고추장을 풀어놓은 오삼불고기, 짬뽕, 해물볶음우동 등이 최애 메뉴였다. 집에서도 아내가 스파게티나 양식 위주의 식단을 줄때면 크게 땡기지 않다가, 김치전이나 김치찌개 등 매콤한 양념이 들어간 요리를 먹을 때면 정말 밥을 싹싹 비우게 되었다.

이탈리아 여행 중 먹었던 스파게티와 슈니첼, 나폴리 피자 그리고 스페인 바르셀로나 시우다드 콘달 식당에서 먹었던 꿀대구 등의 타파스, 이집트에서 먹었던 양고기 정도만 기억에 남는 음식이었다. 여행지에서 먹었던 맛있었던 나머지 기억은 한식당이나 한인 민박집에서 먹었던 한식이 영혼의 안식을 받았던 기억으로 남는다.

해외 사업거리

회사 내 동기와 후배가 해외에서 할 수 있는 사업 거리를 찾아봐 달라 하고, 나도 관심도 있고 혹시나 해서 틈날 때마다 알아보았다. 먼저 몰타에서 유학원을 하는 것이다. 하지만 몰타에 몰타스토리가 주 유학원으로서 오랫동안 자리를 잡고 있어 신생으로 자리 잡기는 쉽지 않아 보인다. 두 번째로 유학원 대신 어학 연수하러 오거나 여행객들을 대상으로 한인 민박집을 하면 꽤 잘될 듯하다. 하숙처럼 조식과 저녁을 챙겨 주고, 숙소를 제공하여 주면 꽤 괜찮을 듯하다. 세 번째로 바쁜 여행객들을 위해 EPL이나 김민재, 이강인 경기의 축구 경기권 등을 현지에서 구매 대행하는 것이다. 실제로 토트넘 EPL 경기권을 사 보려 했더니 많은 곳에서 구매 대행을 하고, 너무 비싸게 팔고 있어서 적당한 마진을 남겨 틈새를 노려 보는 것도 좋을 듯했다. 네 번째로 한국 제품이나 화장품을 역구매하여 유럽시장에서 파는 것이다. 이 얘기를 유학원 원장에게 우연히 하니, 몇 년 전 화장품 회사 미샤의 체인점이 몰타에 들어섰다가 망했다는 것이다. 이 네 가지는 깊이 알아보지 않고 구상 단계에서 끝낸 것이고, 대충 살펴본 것이라 참고하시길 바랍니다.

유용한 앱

구글맵 해외에서 여행 시나 거주하면 구글맵은 필수이다. 한국에서는 다른 내비게이션이나 지도가 잘 되어 있어서 필요 없지만, 구글맵은 장소를 찾거나 식당, 펍 등을 방문하기에도 많은 정보가 있다. 운전할 때에도 구글맵 사용은 필수다. 몰타로 떠나기 전 구글맵 사용법을 조금 익혀 놓았는데, 몰타에 있을 때나 유럽 여행할 때 제일 많이 사용했던 앱이다.

WhatsApp 유럽인들이 많이 사용하고 있는 채팅 앱이다. 우리나라 카카오 앱처럼 채팅과 통화가 가능하다. 유럽 친구들을 사귀게 되면 연락할 때 유용한 필수 앱이다.

Skyscanner 비행기표 살 때 주로 이용하던 앱이다. 옵션에 따라 가장 저렴하거나 가장 빨리 가는 항공편 등을 검색할 수 있고, 전 세계 항공편 스케줄을 확인하고 구매할 수 있는 앱이다. 스카이스캐너로 매일 같은 항공편을 검색하면 가격이 조금씩 올라가므로 기록을 지우거나 시간을 두고 다시 검색하여야 가격이 올라가지 않는다.

Booking.com 여행지 숙소 예약할 때 주로 이용하던 앱이다. 숙소 외 렌트나 투어 등도 예약할 수 있다. 많이 이용할수록 혜택이 커진다.

Bolt, eCabs, Uber(택시 앱) 몰타 내에서 택시를 이용할 때 사용하는 앱이다. eCabs는 내가 깔아 놓고 주로 이용하였고, 아내는 Bolt 앱을 주로 이용하였다. 가족과 같이 나가는 날에는 둘이 한꺼번에 호출해 놓고 비교한 후 좀 더 싼 택시를 이용하였다. 때와 장소에 따라 앱별로 가격이 상이하여 1유로라도 더 저렴한 것을 이용하였다. Bolt와 Uber는 다른 유럽 국가에서도 이용할 수 있다.

BoltFood, Wolt(배달 앱) 아내가 가끔씩 사용하였는데, 음식 배달할 때 이용하는 앱이다. 배달료가 약간 있어서 주문하고 내가 찾으러 가기도 하였다.

마이리얼트립 여행지가 정해지면 한인 가이드 투어나 외국인 가이드 투어 예약할 때 유용하다. 투어 이외 항공, 숙소 등의 예약도 가능하다.

민다 민박다나와 앱인데, 유럽 주요 도시의 한인 민박집 예약할 때 유용한 앱이다.

Utransfer 한국 통장에 있던 돈을 외화로 바꾸어 레볼루트 카드에 입금할 때 쓰던 외환송금 앱이다.

Tallinja 몰타 내 버스 앱이다. 버스 대기 시간 확인할 때나 버스에서 이동할 때 보던 앱이다. 여기 나와 있는 버스 출·도착 시간은 정확하지 않다.

Epic 몰타 내 통신 앱이다. 이 앱을 통해 4주마다 통신료를 납부할 수 있고, 남은 통화량과 데이터양을 확인할 수 있다.

기타 런던 여행 시 참조하려던 지도 앱 Citymapper, 이탈리아 렌트카 여행 시 필요한 ZTL을 경고를 해 주는 ZTL Radar와 Waze, 스마트폰으로 문서를 스캔할 수 있는 vFlat, CamSacnner 앱 등이 있다. ZTL Radar 앱은 구글스토어 등에서 다운받을 수 없고, https://apkpure.com/ztl-radar-for-maps-and-navigator-whole-italy/com.ztlradar2017.app/download/1.6.24로 들어가면 다운받을 수 있다.

7. 몰타에서 만난 인연

빌라스 가족

빌라스(Villads) 가족은 전형적인 북유럽 백인 가족이다. 아빠 Mads도 키가 2m정도 되고, 엄마도 180cm가 넘어 만나면 항상 고개를 들어 위쪽을 바라보아야 했다. 빌라스 아빠 Mads는 자기 친지 및 가족들 평균 키가 여자가 180cm이고 남자가 190cm 이상이라는 것이다. 빌라스 아빠는 키가 크지만 호리호리한데, 엄마는 덩치도 있어 TV에서 보던 전형적인 바이킹족 후에 같았다. 빌라스도 또래보다 머리 하나가 더 컸다.

22년 9월 말에 첫 학기가 시작되고 난 후 곧이어 빌라스 아빠가 빌라스와 같은 반 아이들 모두를 자기네 집에 초대하였다. 우리 아이들도 같은 반이었지만, 우리는 그때 돌로미티 여행 시기와 맞물려 초대에 응하지 못하고 다음으로 미루었다.

애들 반에 학생 수가 15명에서 20명 정도 되었지만, 여자애들은 많았는데, 남자애들은 빌라스와 빈센트(중국)와 우리 아들 이렇게 3명이었다. 빈센트는 영어가 너무 안 되어 빌라스와 우리 아들이 자연스럽게 친해지게 되었다. 아들 말을 들으니 빌라스가 수학문제를 못 풀어 울거나 우울해하면 아들이 위로해 주고, 반대인 경우에는 빌라스가 아들에게 그림을 그려 주며 기분을 풀어 준다는 말을 듣고는, 새로운 환경에서 나라와 인종이 다르지만, 아이들이 서로 우정을 쌓는 것을 알고는 흐뭇하였다.

어느 날 빌라스가 아들을 자기 집으로 초대하였다. 첫 초대에 긴장한 아내기 베이커리 집(BusyBee)에서 빵을 사서 보냈다. 그런데 아내는 부모를 같이 초대하지 않아 낯선 집에 아들만 보내는 것에 조금 불안해했다. 나는 그냥 그들의 문화이거니 하고 넘겼다. 아들이 잘 놀다 와서는 집이 크며 방문이 10개 가까이 된다며 또 가고 싶다고 하였다. 빌라스 여동생이 아들 이름을 넣은 장난감 팔찌를 선물로 주었다.

얼마 후 빌라스를 우리 집으로 초대하였다. 우리 집은 쌍둥이라 딸이 심심해할까 봐 프랑스 출신 여자아이인 알리아도 같이 초대하였다. 알리아도 딸처럼 야위었는데, 음식 먹는 걸 보니 입이 짧았다. 집에 오렌지 주스와 콜라가 있었는데, 자신은 오렌지 주스는 마시지 않고, 애플 주스를 요구하여 집 밑 마트에 가서 바로 사 가지고 왔다. 빌라스는 멀리서 봤을 때는 얌전한 듯했는데, 가까이서 보니 엄청난 에너지의 소유자였다. 1초도 가만히 있지 않고 쉴 새 없이 떠들었다. 애들은 우리 집에서 숨바꼭질, 인형 숨기고 찾기, 그리고 마지막으로 게임을 하는 등 재미난 시간을 보냈다.

빌라스 집이 있는 아파트

왼쪽이 빌라스

빌라스네는 덴마크 출신이고, 아빠(Mads)는 Equity 회사를 9개 이상 가지고 있었는데 몇 개를 정리한 후 몰타에서는 6개만 운영하고 있고, 자기가 대표라고 했다. 엄마는 의사이고 몰타에서 책을 쓰고 있다고 했다. 몰타에서 본 가족들 중 제일 부자였다. 집도 몰타 내에서 지중해와 발레타가 보이는 포인트 몰 맞은편의 제일 비싼 아파트 단지 중 하나에서 살았다. 몰타는 상속세, 증여세, 재산세, 취득세, 종부세 모두 0%로 부유층의 전통적인 조세 피난처로 사랑받고 있다. 빌라스 아빠가 몰타로 온 후 세금을 덜 낸다며 여기 온 이후를 설명하였다. 북유럽은 해가 빨리 지고 날씨도 추운데, 따뜻한 몰타에 와서 해가 길고, 가족들이랑 시간을 많이 보낼 수 있어서 무척 행복하다고 했다.

Mads는 어느 날 만나자마자 한국에서 애들이 수학 공부 많이 하냐며 물었다. 당연히 한국에서는 수학을 많이 시킨다며 여기 몰타에서도 시키고 있다고 했다. 빌라스 아빠가 여기 몰타가 덴마크보다 수학 진도가 빠르다며 애들 반에서 우리 아들이 제일 똑똑하다고 들었다며 빌라스는 수학 시간에 힘들어한다는 것이다. 또한 덴마크에서는 자신들이 생활하다가 필요하면 그 공부를 한다는 것이다. 빌라스 아빠도 회사를 경영하다 필요한 게 있으면 대학에 가서 다시 배운다는 것이다. 우리 애들을 통해 들으니 수학 수업 시간에 어려운 문제가 나오면 풀 수 있는 학생이 한국 학생들뿐이라며, 아들과 딸은 수학 시간에 빌라스와 다른 친구들이 자신들의 답을 보고 베낀다며 투덜거렸다.

빌라스 아빠랑 좀 더 하고 싶은 말이 많았는데, 내가 빌라스 아빠만큼 영어가 안 되어 많은 얘기를 못해 아쉬움이 컸다. 아내는 빌라스 엄마와 소통하며 때때로 빌라스 엄마와 알리아네를 같이 불러 간간히 플레이데이트를 하였다. 근데 아내는 빌라스 엄마가 너무 바쁜지 톡을 보내도 가끔씩 너무 늦게 답한다며 답답해하였다.

알리아네 가족

몰타에서 가장 친하게 지낸 가족이다. 애 엄마들끼리 절친이 되니 자주 보게 되고 집에도 초대를 몇 번 받았다. 알리아를 빌라스와 함께 집에 초대한 이후 알리아 아빠가 집에 초대하고 싶다고 연락을 주었다. 첫 초대이니 무겁지 않게 Aperatif(식전음식) 형식으로 초대하였다. 빌라스 집만 좋은 게 아니라 알리아네 집도 좋았다. 방이 3개에 넓은 거실에 대형 TV와 소파, 키친도 넓고 화려하였다.

알리아 아빠 벤은 카메론에서 태어나 대학을 프랑스로 유학한 이후 프랑스에서 직업을 얻고, 시민권을 취득하였다. 벤 이야기를 들어 보니 프랑스 시민권은 첫 직장에서 비자 받는 게 힘들지 그 다음 비자는 계속 잘 나왔고, 시간이 흐르자 시민권도 받게 되었다는 것이다. 카메론에는 카메론어가 있지만, 학교 수업은 프랑스어로 진행되기 때문에 프랑스어를 읽고 쓰고 말할 수 있다고 한다. 일부 지역은 학교에서 불어 대신 영어를 사용하는 곳도 있다고 한다. 벤은 프랑스어권 지역에서 자랐고, 그곳에서 엘리트여서 프랑스 유학까지 갔던 모양이었다. 그리고 같은 지역의 아내 쉐이다를 만나 결혼하였다.

벤의 회사는 미국계인데, 글로벌 송금 서비스와 관련된다. 글로벌 기업 간에 송금 시 벤의 회사와 같은 곳에서 만든 보안 프로그램을 이용하는데, 이체 금액이 어마어마하기에 수수료 또한 거액이라는 것이다. 예를 들면 삼성이 유럽 기업에 조 단위의 돈을 송금할 때 한 번에 송금하게 되는데 엄청나게 큰돈이어서 1회성 보안 프로그램을 이용하게 된다고 한다. 벤은 비즈니스 영업인이어서 그런지 사람 응대하는 게 매우 세련되었고, 친화력이 뛰어났다.

그의 아내 쉐이다도 매우 친근하였고, 나의 아내와 성향이 잘 맞았다. 벤은 영어가 능통하지만, 쉐이다는 그렇지는 않았다. 아내는 천천히 말하는 쉐이다의 이야기를 잘 들어 주고 한번씩 본인이 이해한 내용이 맞는지 물어보며 대화를 이어 나갔다. 나중에 쉐이다도 우리랑 같은 어학원을 다녔고, 아내랑 일주일에 한두 번씩 차를 마시거나 식사를 하였다. 아내는 쉐이다가 머리숱이 작다며 고민하길래 한국 제품 중에서 효과가 좋은 것을 구하여 쉐이다에게 주었고, 얼마 후 쉐이다가 머리카락이 난 곳을 보여 주며 역시 메이드 인 코리아라고 좋아했다고 한다.

나중에 알리아 가족이랑 좀 친해지자, 벤이 파리에 놀러오면 자기 집에서 머물라며 파리 외곽에 자기 집이 있는데, 별채에 머무를 수 있다며 권하였다. 우리가 내년 4월에 파리 여행계획이 있다니 렌트를 해서 자기들 집에서 머물라고 강력하게 재차 권하였다. 우리는 부담이 돼서 파리 여행 시 다른 숙소를 잡았지만, 나중에 6월 말 아내와 애들이 이사 시점에 나가는 집과 들어갈 집 계약일이 5일간 차이가 나서 머물 곳을 찾았는데, 벤과 쉐이다가 그 얘기를 듣고 자기네들 몰타 집이 빈다며 부담 가지지 말라고 얘기하여 알리아네 집을 5일간 이용하게 되었다.

내가 23년 6월 말에 한국으로 복귀한 후 추석 연휴를 이용하여 2주간 몰타를 다시 방문하였다. 알리아네를 집으로 초대하여 한식을 대접하기로 한 게 생각나 아내에게 얘기했더니, 집이 좁다며 포인트몰 광장의 식당에 초대하여 저녁을 대접하였다. 벤은 오랜만에 보는 나를 반가워하며 허그하였다. 아내가 애들 친구인 빌라스와 알리아네 집을 알고 나서는 우리가 살던 집을 약간 부끄러워하였다. 그래도 한국인 가족들 집 중에서는 우리 집이 좋은 편이었다.

애들도 잘 어울렸고, 알리아의 4살 많은 오빠인 아이만은 축구 아카데미를 다니는데 축구 선수가 꿈이라는 것이다. 어울리지 않게 팀에서 포지션이 골키퍼인데 많이 먹지를 않아서 부모가 속상해하였다. 아이만은 가족끼리 만나면 나의 아들과 종종 축구 놀이를 하며 어울렸고, 둘은 드리블을 잘한다며 서로를 인정하였다. 아이만이 저녁 식사에서 한국 라면을 좋아한다고 하길래 나는 깜짝 놀랐다. 실생활에서 한국 물품이 알려졌다는게 신기하였다.

프랑스가 우리나라 문화와 다른 게 참 많다. 한 예로, 식사할 때 애들도 한 테이블에서 같이 식사하였는데, 우리 애들은 어른들 얘기에 전혀 끼지 않고 조용히 있었는데, 아이만과 알리아는 어른들 얘기에 스스럼 없이 끼고 대화를 주고받았다. 그게 전혀 이상한 게 아니라는 게 프랑스 문화이다.

아이만과 아들 축구공 놀이

아내의 절친인 알리아 엄마 쉐이다

엘리스 가족

딸아이가 집에서는 수다쟁이이고 말도 많고, 쌍둥이 오빠를 때로 못살게 굴지만, 밖에서는 무척 수줍어하는 타입이다. 반에서 발표하는 시간에 처음에는 너무 긴장해서 잠깐 쓰러지기까지 하고, 또 한번은 이유 없이 울었다고 한다.

그런 딸아이가 6월 어느 날 픽업하러 학교에 갔더니 자기보다 덩치가 큰 한 백인 여자아이를 꼭 안고 작별 인사를 하는 것이었다. 그 아이도 딸아이에게 안겨 가만히 있는 것이었다. 신기하고 귀여워서 집에 돌아와 물어보니 아들, 딸 모두 그 아이와 친하다고 했다. 그 아이를 꼭 집으로 초대하여 좀 더 친한 친구로 만들어 주고 싶었다.

내가 한국으로 돌아온 후 아내는 엘리스 엄마와 연락이 닿아 방학 기간에 엘리스가 우리 집에 왔고, 그다음 주에 엘리스 집으로 초대받아 갔다고 한다. 집이 지하 1층과 지상 2층 집이고 지하층은 아빠 사무실로 쓰고 있었다. 1층 마당에는 작지 않은 수영장이 딸려 있어 애들끼리 수영하고, 어른들은 수영장 옆 마당에서 티타임을 가지기도 했다. 엘리스 아빠는 루마니아 출신이고, 엄마는 몰도바 출신인데 몰타 오기 전 우크라이나 키이우에서 살았다. 아빠는 모스크바 대학을 졸업하고, 몰타에서 온라인 카지노를 운영하고 있었다. 몰타에서 온라인 카지노 산업은 유명하고, 계속 번창하고 있다.

엘리스 집

나는 추석 연휴에 몰타에 방문하여 엘리스 부모를 처음 보았는데, 엘리스 아빠가 영어도 곧잘 하고 성격도 활달하였다. 엄마 역시 외향적이고 날씬하면서 잘 꾸미는 스타일이었다. 나중에 아내랑 잘 어울리게 되어 플레이데이트를 즐기기도 하고 엄마들끼리 모임도 가졌다. 아이들은 성향이 맞는지 날이 갈수록 친해져 밤늦게까지 놀고도 서로 헤어지기 싫어해서 서로의 집에 자고 가고 싶다고 말하기도 하였다.

제일 왼쪽이 엘리스 그리고 알리아

미아네 가족

몰타에 처음 도착 후 애들을 학교로 픽업하면서 처음 알게 된 학부모가 미아 엄마 제시카였다. 이탈리아 출신으로 이목구비가 뚜렷하고, 날

씬하여 서구 미인형이라며 아내가 외모를 칭찬하였다. 딸 미아도 우리 애들과 또래였는데, 키도 크고 얼굴도 묘한 매력이 있었다. 아내가 그 엄마와 친하게 지내고 싶어 연락처를 주고 받고 커피 한잔 마시기로 약속하였는데, 어쩌다 약속이 깨지고 친하게 못 지내 섭섭해하였다.

1년이 가까운 시간이 지난 후 미아 엄마가 아내에게 다시 연락을 하였다. 처음에 자신이 영어를 능통하지 못해서 대화하기가 부담스럽고 부끄러워서 피했다고 한다. 1년 사이 몰타 내 주말 영어 무료 교습소에서 영어를 배워 이제 아내와 대화할 수준이 되어 연락했다는 것이다. 아내는 무척 기뻐하며 미아네 엄마와도 플레이데이트를 즐겼다.

아밀리아 가족

아밀리아도 우리 애들과 같은 반이다. 아밀리아 엄마를 처음 본 것은 어학원(IELS)에서였다. 우연히 같은 반에서 수업 받다가 자기 애도 뉴왁 스쿨 Year 3에 있다하여 우리 애들도 있다니까 쌍둥이 아빠냐면서 자기

애를 통해 쌍둥이 남매를 알고 있다 하였다. 아밀리아 엄마는 모로코 출신이고 프랑스 남편을 만나 프랑스 북부 지방, 독일과 인접한 곳에서 살고 있는데, 애들 영어를 가르칠 겸 해서 몰타에 왔다는 것이다. 모로코도 프랑스어를 사용하기에 남편과는 프랑스어로 소통하는 데 문제가 없다고 한다. 아밀리아 엄마를 알게 된 시점에 IELS에 다니는 뉴왁스쿨 같은 반 학부모가 4명이나 되어(아내와 나, 아밀리아 엄마 그리고 알리아 엄마) 학부모 모임을 만들까 생각도 했었다.

아밀리아는 외모가 딱 엄마이다. 엄마를 너무 닮았다. 애들 말을 들으니 아밀리아 언니가 있는데, 언니 외모도 엄마와 판박이라는 것이다. 나중에 아밀리아 언니 얼굴을 보았는데 정말 세 모녀가 판박이였다. 아밀리아 엄마와 아내도 어학원에서 만나 친해졌다.

나중에 아밀리아 엄마(자밀라)랑 친해진 아내는 플레이데이트를 하였는데, 아밀리아가 입학한 지 얼마 안 되어 반의 한 애가 너무 괴롭혀서 울고불고한 적도 있고, 자신도 몰타의 인도가 너무 좁고 갈 곳도 많지 않다며 2, 3년 생각하고 몰타를 왔는데, 1년 만에 조기에 돌아간다고 하였다. 아내가 이를 듣고는 아쉬워하였다.

다미안 가족

다미안 가족은 우리 가족에게뿐만 아니라 다미안네를 아는 모든 뉴왁 학부모들에게 가장 흥미로운 가족이었다. 다미안 아빠(Dallin)는 미국 오하이호주 출신이고, 한국에도 6개월 생활한 이력이 있어, 만나면 '안녕하세요?' 하며 한국식 인사를 곧잘 하였다. 엄마 가이아는 이탈리아 로마 출신이고 굉장한 인싸 스타일에 5개 국어(이탈리아어, 영어, 프랑스어 등)가 능통하며 사람들을 대하는 매너가 무척 훌륭하였다. 가이아가 애들 픽업 시간에 나타나면, 하교하는 애들 기다리는 부모들이 대기하는 학교 앞 분위기가 달라진다. 가이아가 생글생글 웃으며 학부모 한 명 한 명에게 인사를 건네면 다들 즐겁게 맞이하고 프랑스어 하는 사람에게는 프랑스어로 이탈리아 출신에게는 이탈리아로, 다른 학부모들에게는 영어로 웃음을 흘리며 말을 건네니 다들 그녀에게 집중하는 분위기였다.

한번은 다미안 가족이랑 슬리에마 맥도널드에서 가족 모두가 함께 모여 플레이데이트를 하였다. 다미안은 예의도 있고, 얌전한 편이었는데, 3살가량 되는 동생은 엄청 말썽쟁이였다. 집에서 별명이 보스 베이비였다. 3살 애가 8살 되는 우리 애 둘을 다 울리기도 하고, 어린아이의 포스가 장난이 아니었다.

다미안 아빠가 미국 네이티브라 좀 친해져 영어를 늘려 볼까 싶었는데, 발음을 도통 못 알아들었다. 내가 발음을 못 알아듣겠다는 얘기를 하자 가이아가 남편에게 클리어한 발음으로 하라며 한마디 하는데, 다미안 아빠가 그렇게 한다며 톤을 높이며 응소하였다. 내가 그 순간을 보니 다미안 아빠도 국적과 피부색은 달라도 부인에게 쪼이는 것은 나랑 똑같다는 걸 느꼈다. 결혼 생활이 오래되니 이런 게 눈에 잘 들어왔다. 아내에게 다미안 아빠 영어를 잘 알아듣겠냐고 물으니, 아내도 50% 정도밖에 안 들린다며 자기도 알아듣기가 힘들다고 했다.

다미안 가족이 뉴왁 스쿨에서 가장 흥미로운 가족인 게 이들은 세계 여러 나라를 3년마다 옮겨 다니고 있다. 이번에 몰타에서 시간을 보내고 24년 10월에 말레이시아로 가기로 되어 있다. 몰타 오기 전에는 이탈리아에서 생활했었다. 가이아는 유니세프 몰타에서 일하고 있고 5개 국어가 가능하고, 사람들 응대 기술도 뛰어나니 거기에서 인정받는 분위기였다. 한 번씩 아프리카의 이름도 모르는 나라로 출장을 간다고 들었다. 다미안 아빠도 국제기구 같은 곳에서 변호사 등과 함께 일하는데 세계의 테러를 막기 위한 일을 한다고 들었다. 한번은 발레타로 가는 페리 안에서 우연히 만나 얘기하였는데, 번 아웃이 왔다며 쉬고 싶다고 하길래 너는 지구를 지켜야 한다며 너 덕에 우리는 발레타 구경하러 간다며 농담을 건네기도 하였다.

서구권은 일자리에 대한 유동성이 많아 몇 년 일하다 잠시 쉬거나 일을 바꾸기도 하는 듯한데, 그에 비해 한국인들은 너무 일만 열심히 한다는 느낌을 받는다. 몰타에서도 한국에서 일하다 영어 배우러 오는 사람들 보면서 조금씩 변해 간다고 느껴지기도 한다. 인생에 있어서 다양하게 살아가는 사람들 모습을 보고 있으니, 삶이나 생각의 폭이 저절로 좀 더 풍요로워질 수 있겠구나 하는 생각이 든다.

캐나다 여의사

22년 여름에서 가을로 접어들 무렵 슬리에마 페리 선착장에서 우연히 알게 되어 아내와 연락처를 주고받은 캐나다 엄마는 발레타에 살았다. 아내는 먼저 한번 보자고 문자를 보낸 후 답장을 기다렸는데, 한동안 답이 오지 않아 속상해하였다. 처음 만난 날 분위기로는 문자에 답을 하지 않을 사정이 있을 거라며 나는 아내에게 기다려 보라고 했다. 나중에 캐나다 엄마가 여행 중이라 답을 못했다며 플레이데이트 약속을 잡았다. 주말에 큰 공원에서 외국인 팀이랑 몰타인 팀이랑 미식축구 경기가 있는데 보러 가자며 연락이 왔다. 탁 트인 야외 공원에서 미식축구 경기를 잠시 보고, 애들과 축구공을 가지고 가서 노니 즐거운 마음이 절로 들었다. 하지만 우리 애들과 캐나다 아이들은 서로 잘 어울리지 못했다. 서로 성향이 맞지 않는 듯했다.

캐나다 엄마는 몰타 오기 전 이혼했고, 육아는 본인 혼자 한다고 했다. 아들, 딸 자녀 중 딸은 밝고 활발한데, 그 오빠인 아들은 내성적인 성격인지 말수가 적고 자리에서 일어나려 하지 않았다. 이혼했다는 얘기를 들어 선입견일 수도 있지만, 뭔가 모를 아픔이 있어 보였다. 캐나다 엄마는 캐나다에서 요양원의 의사로 있었는데, 코로나로 요양원 환자들이 너무 많이 죽는 걸 보아 힘들어, 리프레쉬가 필요해 몰타에 왔다는 것이다. 캐나다 엄마는 루마니아에서 온 국제 변호사 부부와 친분이 있었고, 우리에게 소개시켜 주었다. 그날의 플레이데이트는 신선했지만, 아내가 아이들끼리 서로 잘 안 어울려 학교 외에 사적으로 다시 보기는 힘들 것 같다며 아쉬워했다.

스페인 여행에서 만난 교수님

22년 10월 말, 스페인 여행 중 마드리드에 도착한 다음 날 우리는 인근 세고비아와 톨레도를 묶어 하루 투어를 가게 되었다. 투어를 두 그룹으로 나누어 일란성 쌍둥이 가이드 차에 각각 나누어 타게 되는데, 우리 차에 한 교수님이 혼자 오셔서 일정을 함께 하게 되었다. 차 안에서 이것저것 얘기하다 보니 공학 교수님임에도 불구하고 유럽의 문화와 역사에 대한 지식이 해박하심을 알 수 있었다. 나도 로마 역사서를 읽어 본 적이 있어서 유럽 역사에 관해 얘기를 나눌 수 있었다. 투어 중에 사진도 같이 찍어 주고 여러 얘기를 나누게 되었다.

투어를 마치고 프라도 미술관 인근 식당에서 혼자 온 교수님과 뒤늦은 저녁에 와인을 먹었다. 프랑스 남부 쪽에 머무르는데, 유럽 이곳저곳을 많이 여행 다니고 계셨다. 우리가 몰타에 1년 살기 하러 와 있다며 몰타에 관한 얘기도 하고 관광하기 좋다고 하니 다음에 한 번 방문해 보겠다고 하였다.

23년 3월 중순, 어학원에서 아침 수업을 듣는데 갑자기 카톡이 왔다. 연락처를 못 찾다가 시칠리아 여행 후 사모님과 함께 몰타에 들어와서 카톡을 보냈었다고 한다. 부랴부랴 몰타 관광 3일 일정을 대충 짜 주고 한식당과 맛집 리스트를 주었다. 화창한 오후에 점심과 단골이던 지중해 바다가 보이는 카페에서 맥주 한잔과 커피를 마셨다. 마침 화창한 날씨에 카페에서 라이브 밴드 공연도 하고 있었다. 손님맞이하기에 아주 좋았다.

교수 사모님은 뉴욕 출신의 미국 시민권자이고, 뉴욕에서 유학 중인 아들도 있다고 한다. 국내에서 국제학교 보내느라 돈을 꽤나 썼다고 한다. 교수님 또한 나처럼 여행 스타일이 목적하는 곳은 꼭 가 봐야 직성이 풀리고, 사모님은 아내처럼 여행와서 느지막이 일어나서 브런치나 먹으면서 여유 있게 즐기는 스타일이라며 티격태격 하는 모습이 우리 부부와 어느 정도는 닮았다.

몰타에는 이런 화창한 날씨가 1년 중 300일을 넘는다고 자랑하니 교수님 후배 중에 베를린에 주재원으로 파견 간 분이 있는데, 1년 중 맑은 날이 60일도 안 되어 내내 우울해한다며 웃으며 응소했다. 서로 사는 애기를 주고받고, 유럽 여행 정보도 교환하며 나름 보람된 하루를 보냈다.

불가리아 여인

포인트 몰 광장 카페에서 크로와상과 음료를 시켜 놓고, 아내와 함께 따스한 햇살을 맞으며 Advanced 반 시험을 위해 책을 펴 놓고 공부하고 있는데, 30대 미모의 백인 여자가 혼자 커피를 마시다가 나에게 Hello, 하며 말을 건네기 시작하였다. 'ㅎㅎ 그러면 그렇지. 나 아직 안 죽었다고….'라고 생각하며 혼자 입고리가 저절로 올라가며 어깨에 힘이 들어가며 대답하려 하는데, 그 여인이 IELS에 다니니며 자기가 공부하는 책이랑 똑같다며 반가워하였다. 그렇다고 답변하며 아내도 같은 학원 다닌다고 소개시켜 주었다.

나중에 아내와 한 반에서 공부하면서 친해졌고 불가리아에 돌아갔다가 10개월 후쯤 다시 휴가로 몰타를 방문했을 때에도 아내와 연락해 만났다. 불가리아 출신인데 20살에 결혼하여 자녀가 둘 있고, 지금은 이혼한 상태라 했다. 큰 아들과 함께 몰타로 한 달 어학연수를 왔고, 8살 딸은 전남편과 그의 여자 친구가 한 달 동안 봐주고 있다고 했다. 전 남편이 사업가이고 불가리아에서 손꼽히는 기업가라고 해서 이혼할 때 위자료를 많이 받았으려니 짐작했었다. 그런데 아내와 친해지고 난 후 불가리아에서는 이혼할 때 위자료의 개념이 없다고 했다. 본인도 위자료 명목으로 받은 건 없고, 가족이 살던 집을 본인이 소유하게 되어 그 월세로 생활한다고 했다. 그 집도 결혼할 때 본인 부모님이 사 준 것이니 당연히 본인 소유라고 했다. 그녀는 두바이를 굉장히 좋아했고 1년에 한두 번은 두바이로 휴가를 떠났다. 아내와 마지막으로 만났을 때는 두바이에서 살 생각이라고 말했다.

터키 변호사, Su

어학원에서 만난 사람 중에서 제일 친하게 지냈던 27살 여자 변호사이다. 터키에서 변호사 생활을 하다가 터키 리라화 가치가 떨어지면서 영어를 늘려 외국인들 상대로 터키에서 변호사 활동을 하고 싶어 영어를 배우러 왔다. 외국인들을 상대하면 리라화 대신 유로화로 비용을 받기 때문에 훨씬 이득이라는 것이다. 몰타에서 터키인들을 자주 볼 수 있었는데, 터키 상황 때문에 터키인들이 갈 수 있는 나라가 많지 않다는 것이다. 어떤 한 터키인은 미국으로 가고 싶었는데, 회사에서 보증을 해도 미국에서 비자가 나오지 않는다는 것이다. 몰타만 유일하게 터키인들에게 문을 열어 주었다고 한다.

수를 처음 봤을 때가 10월 말 이베이라 반도 여행을 다녀온 후였다. 어학원 같은 반에서 발표를 하고 있는 그녀를 보니 키가 170cm 정도에 호리호리한 몸매를 가지고 패션 센스도 있기에 너 모델이냐구 물었더니, 담임 선생님이랑 다른 학생들이 Lawyer라고 하였다. 난 처음에 너무 젊기에 변호사 사무실에서 일하는 애들도 Lawyer라고 하냐면서 믿지 못했다. 근데 다음 발표에서 터키에서도 의사나 변호사가 연봉이 가장 좋은데, 자기는 피가 무서워 변호사로 진로를 정했다고 한다. 내가 수업 끝나고 따로 한번 보자고 했더니 좋다고 하여 다른 한국인 여학생과 함께 저녁과 차를 하였다.

조금씩 친해지는 느낌이 들고 수업 끝나고 보자고 해도 거절하지 않고 시간을 계속 내주었다. 27살 정도인데 만나니 젊은 총각 시절로 돌아간 느낌이 들고 데이트하는 느낌이 들었다. 수업 시간에 수가 터키에 대해 발표하는데, 터키에서는 능력 있는 남자는 결혼을 하고도 여자를 둘, 셋 거느린다는 말을 하였다. 나 들으라고 하는 얘기인가 싶어 깜짝 놀랐다. 나도 내 얘기를 흘렸다. 펍에서 둘이서 술도 한잔하였다. 둘 다 영어가 Upper Intermediate 레벨이고 서로에 관심이 있어서인지 능통하진 못해도 관심 가지며 끝까지 들으니 소통하는 데 지장이 없었다. 자꾸 친해지다 보니 일주일 정도 아침에 깨면 수 생각이 먼저 났다. 당시에 밤새 에어컨 가동이 필요 없는 아내는 아들과, 나는 더위를 많이 타는 딸과 에어컨을 틀어 놓고 같은 방에서 잤는데, 딸을 안고 아침에 일어나 제일 먼저 생각나는 게 수였으니, 나는 이건 아니다 싶으면서 뭔가 정리해야겠다는 생각이 들었다.

수를 자주 가던 식당에 초대하여 아내와 아이들과 함께 자리를 마련하여 Friendship으로 방향을 틀었다. 아내는 이내 사교적인 태도로 수를 대하였고, 수도 아내 영어가 담임 선생님인 안나 K처럼 잘한다며 좋아했다. 수가 월급을 얘기하는데, 내가 듣기에는 자기 월급이 초임 변호사의 2배가 넘는다고 들었는데, 아내는 터키 일반 직장인의 2배의 월급을 받는다고 들었다. 근데 서로 월급을 유로로 환산하니 내 월급의 5분의 1

수준이었다. 내가 별도로 받는 상여금을 제외하고도…. 깜짝 놀랐다. 한국에서 잘나가는 변호사 월급은 상상초월인데…. 내가 수보고 한국에서 와서 일해 보라고 웃으며 권했다.

수가 다음번 한국 식당에 같은 반 학우들 초대했을 때도 지난번에도 같이 본 적 있던 젊은 이탈리아 남자를 꼬박 데리고 나왔다. 내가 남자친구냐고 물었더니 아니라고 딱 잘라 얘기하였다. 그 말을 듣고 이탈리아 남자는 고개를 숙이는 모습에 뭔가 둘 사이의 주도권은 수에게 있는 듯 보였다. 이탈리아 남자는 수보다 1살 어린데, 이탈리아 가구 회사에서 일하다가 자기는 세계 곳곳을 돌아다니며 일하고 싶다며 그만두고 영어 배우러 몰타에 왔다고 했다. 어느 날 3명이 함께 로컬 펍에서 술을 마시는데, 이탈리아 남자가 나에게 수 앞에서 나의 배우자와 친숙하고 의리를 잘 지키는 사람이냐 물었고, 나는 그 애에게 이탈리아 남자는 바람둥이라 들었는데, 너는 어떻냐고 묻고는 상황이 수를 두고 남자 둘이서 싸우는 상황이라 나는 피식 웃었다. 옆의 수의 표정을 보니 남자 둘이 자기를 놓고 싸우는 장면을 보고 환한 웃음을 지으며 즐기고 있었다. 수가 밤새 술 마시자며 내가 원하는 대로 하겠다고 했는데, 밤 12시가 지나가자 중년의 남자인 나는 피곤하여 집에 들어가 봐야겠다며 둘이서 좋은 여름밤을 즐기라며 자리를 떴다.

나중에 아내에게 들은 얘기로 학원에 아내가 외톨이인 듯한 같은 반 스페인 여학생인 '마'를 친절히 대해 주며 챙겨 주고 있었는데, 마침 마가 수랑 전에 룸메이트였는데, 마가 그 이탈리아 남자애가 자주 자기 방에 들어와 수랑 잠자리를 같이 했다는 것이다. 아내에게 그 얘기를 듣고 수는 걔가 남자친구가 아니라고 딱 잘라 얘기했다고 하니 Friends with benefit라면서 그런 개념일 거라 얘기했다. 아내는 웃으며 나는 밥과 술을 잘 사 주는 수의 슈가대디 정도로 여겼을 거라 얘기하였다. 그 얘기를 듣고 나서 너의 선택에 달려 있다는 말을 자주 했던 수와 이쯤에서 거리를 두기로 마음먹었다.

나중에 터키에 지진이 났다는 소식에 터키에 있는 가족들 무사하냐고 연락을 한 번 하였고, 수가 4월 초에 비자가 만료되어 터키로 돌아가기

전에 한번 보자고 연락 왔었는데, 나는 가족과 파리, 런던 여행 중이라 보지 못했다. 한국에 돌아와서 터키에서 잘 살고 있냐 연락했더니, 어제 너 생각했었다고 말하면 믿겠냐면서 안부를 묻는 답장이 왔다. 수를 보며 서구권은 나이에 크게 개의치 않고 친구처럼 지낸다는 것을 느꼈고, 만나면서 청춘 시절로 돌아간 느낌이었다.

스페인 미녀, Belen

어학원에서 보았던 여자들 중 최고의 미녀였다. 게다가 내가 선호하는 스페인 여자였다. 어느 날 같은 반 수업에 들어왔는데 미모와 패션 센스가 돋보였다. 근데 외모와 지적 수준은 반비례하는지 1년 가까이 어학원을 다녔는데, Upper 반을 일주일 찍고 졸업한다는 것이다. 장기반 학생들 대부분이 최고 레벨인 Advanced 반을 일주일 찍고 졸업하는 것에 비해 1년을 다녔는데, Upper 반을 일주일 찍고 졸업한다길래 놀랐다. Belen은 처음 왔을 때 엘리멘트 반에서부터 A, B, C부터 배워서 여기까지 왔다는 것이다. 하여간 일주일 보고 작별 인사를 하여야 했다. 그래서 난 더 일찍 알았으면 좋았겠다 하며 마지막 메시지를 보냈다.

몇 개월 후, 그녀를 다시 IELS 어학원에서 보았다. 깜짝 놀라 물어보니 여기 직원으로 왔다는 것이다. IELS 어학원에 스페인 출신 직원들이 몇몇 있었는데, 연결되어 취업되었다고 한다. 한식당에 초대하여 저녁을 둘이서 먹게 되었는데 설레는 마음이 있었다. 20대 청춘시절로 돌아간 느낌이 들었다. 33살쯤 되었는데, 얼굴에 주름 하나 없길래 비결이 뭐냐고 물었더니 유전이라 답했다. 몰타는 왜 왔냐 물으니 사는데 날씨가 중요해서 선택하였다고 한다. 벨렌이 다소 영어가 안 되어 소통이 원활하지 못해 아쉬움이 남는 저녁이었다. 나는 다음날 크루즈 여행이 예정되었고, 다녀와서는 유학원에 나의 수업권을 아내에게 이양하고 나는 스피킹반으로 등록시켜 달라 했는데, 수업권이 이양이 잘 안 되어 유학원에서 내가 한국으로 돌아갔다고 거짓말하는 바람에 다시는 어학원에 가서 벨렌을 볼 수 없었다.

콜롬비아 귀염녀, 카밀라

어학원에 있으니 남미 애들이 많이 왔다. 특히 그해 겨울에 콜롬비아 출신들이 많이 왔다. 남미 애들이 영어를 말하면 발음이 대부분 알아듣기 힘들었는데, 유독 카밀라는 발음이 미국식으로 듣기 좋았다. 이유를 물어보니 미국에 친척이 있어서 몇 개월간 공부했다고 한다. 남자친구와 몰타에서 동거하는데, 남자친구는 오전에는 수업을 듣고 오후부터는 일을 한다고 한다. 남미 애들이 몰타와 남미의 시차가 6시간 정도 나서 오전에 수업을 듣고 오후부터 밤까지 온라인으로 자기 나라에 있는 회사와 미팅도 하고 일을 할 수가 있었다. 한 번씩 카밀라도 몰타에서 오후에 아르바이트 같은 것을 하는 듯했다.

한 번씩 같은 반 애들이 몰타 떠나기 전 페어웰 파티를 겸해서 내가 주도하여 저녁을 같이 먹었다. 아니면 한 번씩 그냥 일없이 같이 저녁 하자고 하면 좋아하였다. 카밀라와도 몇 번을 같이 먹었는데, 외동딸이라 부모에게서 사랑을 많이 받고 자라서 그런지 밝고, 잘 웃었다. 옷도 좋아하여 비싸 보이지는 않지만 자주 바뀌었다. 어학원 쉬는 시간에 커피나 크로와상을 먹으로 카페로 가다 한 번씩 내가 좋은지 사람이 없는 곳에서 팔짱을 끼곤 하였다. 뭐지 싶지만 26살 이쁘장한 남미 여자애가 그런 표현을 해 주니 20대로 돌아간 느낌이었다. 남자친구와 싸운 다음 날에는 고민을 늘어놓기도 하였다.

콜롬비아 여의사, 레이사

어학원 다니던 초기에 알게 되었는데, 자기가 의사라고 하였다. 20대 후반이었는데, 콜롬비아에서 받는 의사 월급과 미국에서 받는 의사 월급은 엄청난 차이가 난다면서 영어를 배워 미국 의사 자격증을 따는 것이 목표라고 하였다. 그 절차를 얘기하는 데 6, 7년이 더 걸린다고 한다. 그래도 미국 의사 자격증을 따는 게 훨씬 이득이 큰 모양이었다.

자국에서 공부를 어느 정도 한 사람이어서 그런지 어학원에서도 똑똑

한 티가 났다. 시간을 허투루 안 쓰고 Upper 반에 온 지 한두 달 만에 바로 Advanced 반에 시험 쳐서 들어갔다. 그러고는 일주일 뒤에 다시 Upper 반으로 내려왔다. Advanced 반 지나 선생님이 너무 재미없다는 것이다. 반 친구들에게 왜 영어를 공부하는지 다른 사람 인생에 대하여 궁금해 하였다. 나도 시험을 쳐서 Advanced 반으로 들어갈 자신이 있지만, 시간도 많이 남아 천천히 올라갈 생각이었고, 지나 선생님이 재미없다는 말을 너무 많이 들었다.

8. 한류를 직접 느끼다

    22년 8월 18일 새벽 비행기로 인천을 출발, 파리를 경유하여 몰타가기 전 경유지인 로마에 오후 3시쯤 도착하였다. 로마 공항에서 분위기 있는 이탈리아 여자 공항직원이 웃는 얼굴로 한국인이라고 하니까 한국말로 '안녕하세요?' 하며 몇 마디를 한국어로 건넸다. 한국말 할 줄 아냐고 물으니, 한국어 공부하고 있다면서 대답하였다. 나도 모르게 아는 이탈리아 말을 꺼낸다는 게 불어로 몇 마디 하자 그녀가 수줍은 웃음을 보였다. 2000년 대학시절에 프랑스에 방문하여 대학생들과 어울렸을 때, 한국이 어디에 있는지도 모르는 유럽인들이 태반이었는데, 이탈리아 백인 여자가 한국어를 배우고 있다니 격세지감을 느꼈고, 한류를 TV나 방송매체를 통해 들었는데 실감하는 순간이었다.

    어학원에서 BTS 얘기를 꺼내 보니 얼핏 모르는 애들도 있었지만, 선생님이 BTS를 팬이 아니라면 누군지 모를 수 있지만, 길거리에서 그들의 음악은 한 번씩 다 들어 보았을 것이라는 것이다. 약간 도도했던 프랑스 대학생들에게 말을 건네다 강남 스타일 얘기를 꺼내니 아는 분위기인데, 그게 한국 음악인지 몰랐다며 반응하였다. 그 둘은 내내 축구 얘기하는 것 같아 손흥민 얘기를 꺼내니 훌륭한 선수라며 잘 안다고 답하였다.

어학원 2주간 왔던 브라질 여자애는 한국 음식, 문화를 알고 싶다며 한국 사람들과 친해지고 싶다며 대놓고 말을 했는데, 내가 친해질 기회는 없었다.

집 인근에 해산물 식당에 처음 갔을 때 이탈리아 종업원이 우리 가족이 한국에서 왔다니 나폴리 축구선수 김민재 팬이라고 했다. 가만 생각해 보니 나폴리가 몰타에서 비행기로 1시간이 채 걸리지 않는 거리에 있다. 김민재가 나폴리에서 인지도를 쌓아가고 있던 시기였는데, 유럽에서 그만큼 유명한지 그때 알게 되었다.

가장 흥미로웠던 가족인 다미안네가 23년 6월에 몰타를 떠나 엄마 가이아 고향인 로마로 돌아갔다. 그들은 3년마다 세계 곳곳에서 떠돌며 일하며 지내기를 반복하는데, 동북아시아를 가고 싶다길래 한국은 어떻냐고 물었더니 안 그래도 한국 지원했는데, 한국은 요즘 경쟁률이 너무 세다는 것이다. 요즘 한국에서 체류하고 싶은 외국인들이 너무 많아졌다는 것이다. 그들은 우선 말레이시아로 건너가 다음 기회를 노려보겠다고 했다. 한국인인 우리와 연을 끊기 싫어서 가이아 고향인 로마에 돌아가서도 로마 올 일 없냐며 오게 되면 아이들 아이스크림 먹이며 같이 저녁 하자며 연락이 왔다.

Part 2

(유럽여행기) 여행의 여행을 가다

　애초 1년 동안 머물면서 몰타 외 타국으로의 여행은 총 65일간 하였습니다. 여행지는 다음과 같고 모든 여행기를 완성하였으나 책의 지면상 가장 다채로웠던 3곳의 여행기만 소개하고 다음 기회가 된다면 다시 소개하고자 합니다.

- 이탈리아 북부(이탈리아 알프스 돌로미티 + 밀라노, 피렌체)
- **너는 자유이니? 스페인, 포르투칼(이베리아반도)**
- 핀란드 오로라 여행 그리고 체코
- 이집트에 오니 가슴이 아프다
- **여행의 여행의 여행을 가다(지중해 크루즈 7박 8일)**
- 유럽의 중심 파리, 런던
- 낙원 크로아티아
- 시칠리아 1-Day 투어
- **노르웨이 피요로드 정복(북극의 곰)**
- 또 다른 색깔의 이탈리아 남부(포지타노, 아말피, 카프리 섬 및 폼페이)

1. 너는 자유이니? 스페인, 포르투갈 (이베리아반도)

22. 10. 27-11. 5(9박 10일, 4인 가족)
비행기(왕복, 포르투행) 1,360,000 (수화물비 포함)
숙소 2,200,000
기차(스페인, 포르투) 220,000
가이드비, 입장권 950,000
식비, 잡비 2,600,000, 현금 포함(총 1800유로)
9박 10일 총합 7,330,000

1) 여행준비

어학원에 있는 한인들에게서 스페인 여행이 좋았다는 말을 많이 들었다. 물가도 싸고, 음식도 한국인에게 맞고 맛있다는 얘기들이었다. 그리고 몰타 오기 전 회사 선배님이 은퇴 후 포르투에 몇 달 살아 보는 게 희망 사항이라는 얘기를 들으며 처음으로 포르투라는 도시에 대해 관심을 가지기 시작하였다. 어학원에서도 포르투가 좋다는 얘기가 나돌았으며, 나보다 나이 많은 한국인이 혼자서 포르투에만 일주일 이상 쉬고 왔다는 얘기도 들었다. 스페인 여행은 원래 계획이 있던 것이고, 이번에 이베리아 반도 가는 김에 포르투도 둘러보고 오기로 했다.

원래 일정은 바로셀로나 3박-마드리드 2박-세비야 2박-리스본-포트투 2박 일정으로 짧지만, 많은 곳을 보려 하였다. 하지만 유랑 카페나 여기저기 조언을 구해 봤는데, 8세 아이들을 데리고 가기에 이 일정이 조금 빡세다고 하여 바르셀로나 4박, 마드리드 2박-포르투 3박 일정으로 최종 결정하였다.

바로셀로나는 볼 게 많다고 얘기 들어서 4박으로 하고, 마드리드는 미술작품 좋아하는 사람들에게 좋은 곳이지만, 현대적인 도시여서 아주 매력적이지는 않게 느껴졌다. 다만, 인근 도시인 톨레도, 세고비아를 가기 위한 거점으로 2박을 하기로 했다. 세비야까지 거치면 너무 이동하는데 돈과 시간을 소비하여 과감히 생략하고 마드리드에서 바로 포르투로 이동하기로 했다. 마드리드에서 포르투까지 기차로 가기에 너무 시간이 많이 소요되어 항공권을 예매하였다. 다만, 바르셀로나에서 마드리드까지는 기차를 좋아하는 아들을 배려하여 고속열차를 예매하였다.

저가 항공사를 이용하기에 좌석 지정이나 수화물 추가 시에는 추가 비용이 발생한다. 비행기 탈 때 아이 동반 좌석 지정을 하려니 추가 비용이 걱정되어 아내에게 물어봤더니 만일 하나 좌석을 안 붙여 줘도 가까이에 있으면 저들끼리 갈 수 있다며 강하게 키워야 한다기에 좌석 지정을 하지 않았다. 결론적으로 좌석 구매를 하지 않기를 잘했다. 랜덤으로 좌석 지정을 하지만 아이는 꼭 부모 중 한 사람과 붙여서 좌석 지정을 해주었다. 그래서 나중 모든 비행기 구매할 때도 좌석 지정을 안 하였고, 알아서 부모 중 한 사람과 붙여 주었다. 굳이 추가 비용 낼 필요가 없다. 그리고 유럽은 아이 동반 시 Priority 입장을 배려해 주어 아이 동반하는 게 혜택이 있었다. 기차는 좌석을 지정해야만 구매를 할 수 있다.

위탁 수화물 대신 기내 수화물은 구매하지 않고, 1개를 들고 들어갔다. 하지만 나중에 이게 문제가 되어 추가 요금을 내게 되었다. 유럽 내에서 다닐 때 기내 수화물 추가 요금을 내지 않아도 별로 검사하는 분위기가 아니었다. 재수 없으면 걸려 추가 요금을 물리게 되는데, 이는 복불복이다.

바르셀로나 사그리다 파밀리아 성당, 구엘공원 입장 티켓은 당일이나 며칠 전에 구매가 힘들 수 있기에 미리 예매하였다. 숙소는 바르셀로나와 포르투는 한인 민박집으로, 마드리드는 적당한 한인 민박집을 못 찾아서 시내의 깔끔한 호텔로 예약하였는데, 이는 나중에 아내의 불평을 듣는 여건을 만들었다.

2) 여행지에서

(1일차) 몰타 → 바르셀로나: 카탈루냐 광장, 람블라스 거리, 보케리아 시장, 벨 항구

아침을 간단히 먹고 택시를 타고 공항에 도착한 후 9시 45분 비행기를

타고 12시에 바르셀로나에 도착하였다. 바르셀로나 공항에서 내리자 우버 택시를 잡기 위해 공항 밖을 나왔다. 공항에서 우버 택시가 서는 곳이 따로 있는데, 택시 기사 설명대로 못 찾아가서 택시 기사가 기다리다 한 대가 그냥 가 버렸다. 취소비로 7유로를 앱에서 계산하였다. 조금 있으니 기사가 말한 우버 택시가 서는 곳을 찾아서 다시 우버 택시를 타고 카탈루냐 광장 인근 숙소로 향했다.

숙소는 한인 민박집(친구 사이)인데 코로나 이후에 조식을 제공해 주지 않지만 친절하고 중심가에 위치하여 후기가 좋아 선택하였다. 또한 음식을 조리해 먹을 수 있었다. 체크인을 하고 짐을 넣은 후 3시에 민박집 주인이 극찬하는 인근에 위치한 타파스 식당인 **시우다드 콘달(Ciutat Comtal)**로 점심을 먹으러 걸어갔다. 타파스는 스페인에서 식사 전에 술과 곁들여 간단히 먹는 소량의 음식을 통칭한다.

스페인어 음식 이름을 외우지 못하기에 민박집 주인에게 구글 앱에서 식당 메뉴란의 그림을 외워서 주문을 하였다. 바게트 위에 작은 스테이크가 얹어 나오는 타파스, 부드러운 감자튀김에 계란을 섞은 타파스는 정말 맛있었다. 한국 사람들이 다 좋아한다더니 의심의 여지가 없었다. 츄러스는 애들이 초콜렛에 잘 찍어 먹었고, 아내는 와인과 곁들여 분위기를 한껏 즐겼고, 후식으로 커피까지 마셨다. 난 약한 감기가 있어서 알코올은 사양하였다.

점심을 기분 좋게 먹으니, 공항에서 택시를 놓치며 약간 헤맸던 기억을 단숨에 떨쳐 버릴 수 있었고, 바르셀로나가 우리를 환영하는 느낌을 받았다. 음식이 비싸지도 않은데(57유로), 우리 입맛에 너무 맞았고, 유럽에 온 이후로 먹어 본 음식 중 제일 맛있었다.

점심을 먹은 후 카탈루냐 광장을 둘러보고 람블라스 거리를 걷다가 보케리아 시장을 잠시 둘러본 후 민박집에 가서 잠시 쉬었다. 민박집 사장에게 저녁 식사 장소로 전망과 분위기 좋은 식당을 추천받고 벨 항구 방향으로 이동하였다. 걷는 중간중간 작은 가게들이 많아 구경도 하며 항구 쪽으로 걸었다. 여러 배들을 구경하고, 바다 바람을 맞으며 시간을 보낸 후 저녁 식당으로 향했으나 식당을 찾지 못했다. 구글 앱에서 위치가 잘못 설정되어 있었다.

　벨 항구에서 숙소로 오는 길에 MOMO 식당에서 빠에야랑 오징어 튀김을 시켜 먹었는데, 실패하였다. 61유로 나왔지만, 점심보다 못했다. 빠에야는 쌀이 우리나라 밥처럼 다 익힌 게 아니라 반쯤 익혀서 나오니 생쌀이 씹히는 느낌이었다. 오징어 튀김도 그냥 그럭저럭이었다. 아내랑 바르셀로나 떠나기 전 시우다드 콘달에 다시 가 보기로 했다.

숙소 근처로 돌아와 인근 까르푸에서 조식으로 먹을 수 있는 음식이랑 음료를 구매하고 숙소로 들어왔다. 몰타 이민국에서 추가 서류 요청하는 메일이 와 컴퓨터로 작업할 게 있었는데, 민박집 사장님이 본인의 컴퓨터를 잠시 빌려주어 마무리할 수 있었다. 한인 민박집의 장점 중 하나이다.

(2일차) 바르셀로나: 까사 바뜨요, 까사 밀라, 파밀리아 성당, 고딕지구

오늘은 오전에는 가우디 반일 투어가 있고, 저녁에는 고딕지구 야경 투어가 있는 날이다. 일단 바르셀로나를 여행하려면 가우디를 필수로 알아야 한다. 전 세계 사람들이 가우디 건축물을 보러 이곳 바르셀로나를 찾는다. 천재 건축가 가우디 인물과 그의 건축물에 대한 이해가 필요하기에 가이드 투어는 필수이다. 종일 투어를 하면 애들이 지치기에 오후 시간은 자유 시간으로 두었다.

아침을 챙겨 먹고 8시 50분까지 가우디 반일 투어 미팅 장소인 까사바뜨요 앞으로 갔다. 숙소에 미팅 장소까지 걸어서 15분 거리이다. 이래서 숙소는 중심가에 구해야 한다. 아침에 숙소에서 투어 장소나 관광지까지 멀면 시간과 교통비 낭비를 초래할 수 있다.

까사는 스페인어로 주택을 뜻하고 바뜨요는 사람 이름이다. 바뜨요 씨를 위한 주택이라는 뜻이다. 이 집의 지붕은 용의 비늘을 내부는 바다를 형상화하였고, 해골 모양의 발코니와 뼈 모양의 기둥이 인상적이다. 가우디는 직선은 인간이 만든 선이고 곡선은 하느님의 선이라 말하며,

가우디의 모든 건축물은 곡선으로 이루어져 있다. 이 집은 초콜릿 가문의 옆집보다 더 좋게 지어 달라는 집 주인의 부탁을 받아 공주를 구하기 위해 용과 싸워 이긴 산 조르디 전설에서 모티브를 얻어 리모델링하였다. 지금은 츄파츕스 회장님이 사서 딸에게 선물로 주었다고 한다.

까사 밀라는 까사 바뜨요에서 걸어서 3분 거리에 있다. 밀라 부부가 의뢰한 집인데, 이 집 때문에 이 부부가 파산했다고 한다. 건축 도중에도 종교 차이와 시대를 앞서가는 디자인 때문에 집주인과 소송으로 5년이나 걸렸으나 최종적으로 가우디가 승리했다. 바르셀로나 인근 몬세랏 돌산으로부터 영감을 받아 지은 집으로 산을 형상화했다. 이 집은 아파트인데, 당시에는 분양이 잘 안 되었는데, 지금은 입주하고 싶어도 할 수 없는 곳이다. 그때 입주했던 자손들이 살고 있는데, 그 가치가 어마어마하다고 한다. 가이드가 팁을 주었는데, 내부 입장료가 부담된다면 건물 안 카페나 기념품 샵을 입장료 없이 내부 관람을 일부 할 수 있다 하였다.

지하철을 10여 분간 타고 사그라다 파밀리아 성당으로 갔다. 첫인상은 그 이름만큼이나 위용이 대단하였다. 사그라다는 스페인어로 성스러운 뜻이고, 파밀리아는 가족을 뜻해서 성가족성당이라 불린다. 가우디 건축물의 하이라이트로 가우디가 설계하고 감독까지 한평생의 역작이다. 현재도 미완성으로 건축 중이고, 1882년 3월 착공했고, 그가 43년간 건축을 지켜봤으나 1926년 73세로 가우디가 사망할 때 약 25%가 완료된 상태였다. 가우디 서거 100주년이 되는 2026년도에 완공될 예정이다. 이 성당의 높이가 170m인데, 몬주익 산 높이 171m를 넘지 않기 위해서라고 한다. 신의 창조물인 자연을 뛰어넘지 않으려고 했다 한다.

사그라다 파밀리아 성당의

외관은 3개의 커다란 파사드(출입구)에 각각 4개의 첨탑이 100m가량 올라가는데 이는 예수 그리스도 12사도를 상징한다. 중앙에 세워지는 170m짜리 가장 큰 탑은 예수를, 탑과 탑 사이를 이어주는 돔은 성모 마리아를 상징한다. 탄생의 파사드는 아기 예수와 관련된 일련의 내용을 조각상으로 표현하였다. 수난의 파사드는 몇십 년 뒤 가우디를 이어받은 수비라치 건축가가 지은 것인데, 좀 더 모던한 느낌으로 최후의 만찬, 배신자 유다, 베드로 이야기, 십자가에 못 박힌 예수 조각상도 있다. 영광의 파사드는 현재 공사 중이다.

가이드 말이 성 사그라다 파밀리아 성당 건축을 삼성이 도와주겠다고 했는데 삼성이 하면 몇 년이면 완공될 것을 느리게 짓고 있다고 탄식했다. 하지만 이 건축물의 공사를 이어 가는 건축가들은 카탈루냐 지방 사람으로만 구성하기로 했다.

가우디는 평생 독신으로 살다가 성가족성당 건축에 매달리다 성당 앞 길에서 전차에 치였는데, 전차 기사나 발견한 사람이 행색이 너무 초라해 가우디라고는 전혀 생각하지 못하고 노숙자로 보고 방치되다가 뒤늦게 병원에 옮겨졌지만 끝내 숨졌다고 한다.

귀가 솔깃한 이야기들을 들으며, 오기 정말 잘했다는 생각이 들었다. 성가족성당 얘기가 끝나고 가이드는 구엘공원 관람 포인트와 재미나는 얘기를 들려주었다. 2시간 반가량 사그라다 파밀리아 성당에서 보내고 투어는 종료하였다.

우리 가족은 책과 가이드가 추천한 인근 음식점 중 하나인 El Glop Gaudi 식당으로 향했다. 스파게티를 애들은 잘 먹었고, 아내는 샹그리아를 마시며 야외 테이블에서 따스한 바르셀로나 햇살을 즐겼다.

　20분 정도를 걸어서 가이드가 얘기한 까사 밀라의 2층 카페를 갔다. 가우디가 만들었다는 의자에도 앉아보고 아름답고 특이한 가우디가 설계한 까사 밀라 내부를 즐겼다. 닫혀져 있었지만 거울창으로 내부 거실도 볼 수 있었다. 투어로 약간 피곤했는데 1시간 정도 음료를 마시며 쉬니 에너지가 충전되었다.

　숙소로 돌아오는 길에 카딸루냐 광장에서 아이들은 수많은 비둘기 떼를 보며 뛰어다니며 발로 차는 순수한 동심의 세계를 보여 주어 흐뭇한 미소를 지으며 동영상으로 기록을 남겼다. 여기 소매치기로 유명한 장소라 오래지 않아 장소를 떠났다. 저녁에 야간 투어가 예정되어 있어 숙소에서 쉬고 저녁을 먹었다.

　야경 투어 가는 길에 아내가 크로와상 등 빵을 좋아해 아내에게 칭찬들을 목적으로 책에서 맛있다고 소개한 호프만 베이커리(Pastisseria

Hofmann)에 가 보자고 제의했다. 10분 정도만 돌아가면 된다고 말했는데, 좀 더 헤매고 오늘 많이 걸었던 터라 아내가 짜증을 내기 시작하였다. 도착하고 나니 빵이 다 팔려서 제대로 빵 구경도 못 하고 나오자 아내에게 한참을 야단맞았다. 남편의 삶이란…. 도대체 일부다처제의 남자들은 어떻게 사는 것인지?

고딕지구 야경투어는 7시 30분 시작하여 1시간 반이 소요되었다. 왕이 살았던 건물 앞의 왕의 광장, 시청 앞의 자우마 광장, 바르셀로나의 수호 성녀 산타 아우랄리아가 고문받았던 산타 아우랄리아 내리막길, 가우디가 생전에 마지막으로 방문하여 매일 기도를 드렸던 성당이 있던 산 펠립 네리 광장, 가이드가 설명 안 했으면 모르고 지나쳤을 피카소 작품이 걸려 있는 노바광장, 삼성에서 일부 공사하여 삼성 휴대폰 광고가 걸려 있던 바르셀로나 대성당, 카딸루냐를 대표하는 유명한 까딸루냐 음악당을 들러 고즈넉한 바르셀로나의 밤을 즐겼다.

(3일차) 바르셀로나: 구엘공원, 파밀리아 성당

  오늘은 오전에는 구엘공원, 오후에는 사그라다 파밀리아 성당 내부 관람이 있는 날이다. 조식을 먹고 숙소 앞 람블라스 거리에 나가 정차되어 있는 택시를 타고 구엘공원으로 향했다. 우버가 잘 잡히지 않아서 일반 택시를 이용하였는데, 요금도 우버와 비슷한 수준이었다. 첫 입장타임인 9시 30분에 예약하여 구엘공원을 들어섰다. 구엘공원은 12시가 넘어가면 사람들이 너무 많아지니 아침에 일찍 가서 빨리 구경하고 나오는 게 팁이다.

  언덕에 위치해 있어 조금 올라가니 바르셀로나 시내를 조망할 수 있었다. 올라가는 도중 아내는 아이들이 심심하지 말라고 노상에서 파는 2유로 정도의 고무줄이 달린 고무공을 하나씩 사 주었는데, 애들이 공원 구경은 않고 내내 공만 튕기고 있어 아내에게 왜 사 주었냐며 핀잔을 주었다. 아내는 애들이 이런 관광보다 자기들 좋아하는 것 하게 내버려두라며 응소를 하였다.

전일 가우디 투어에서 가이드가 준 지도 및 설명 자료를 따라 올라갔다. 가우디 작품에는 세세한 스토리들이 너무 많아서 투어를 신청하면 좋지만, 어제 설명을 조금 들은 게 있고, 가족끼리 느긋하게 풍경을 즐기는 것도 좋았다.

구엘공원은 경사지에 지었기 때문에 자연적으로 기둥이 많이 필요하였다. 택지를 조성할 때 나온 주변 돌들을 이용하여 기둥을 쌓았는데, 원시적으로 보여지기 위해 인위적으로 자연스럽게 연출하였다. 아치형 동굴 같은 돌기둥들 사이에서 돌기둥이 바닥과 수직으로 나오게 사진을 기울여 찍어 보기도 하고, 나투라 광장 타일 벤치에 앉아 보기도 하였다. 타일 벤치는 가우디가 인체공학적으로 앉아 있을 때 제일 편하게 만들었다고 한다. 깨진 타일과 유리 조각을 붙여 아름다운 문양을 만들어 가우디 특유의 독특함을 풍겼다. 구엘공원 출입구 쪽으로 바르셀로나 시내전경과 바다가 보이는 벤치에서 사람들이 다들 사진을 찍느라 줄까지 서기도 한다. 우리도 눈치 보며 적당히 앉아 사진을 찍는데 성공하였다. 11시가 넘어가자 사람들이 꽤 많아졌다.

　비 오는 날 시장으로 사용할 목적으로 만든 이포스틸라 홀에서 높은 기둥과 천장이 그리스 신전 같은 느낌이 드는데 그리스 델포이 신전을 재현한 거라 한다. 홀 기둥은 86개인데 기둥 안은 비워져 있어 홀 바로 위 나투라 광장에서 빗물을 배수하여 밑의 계단에 있는 뱀 분수대로 흘러나온다. 천장에는 4개의 태양 모양으로 4계절을 의미하는 원반형 타일 장식이 형형색색으로 아름다움을 드러낸다.

　계단으로 내려오면 신화 속 불의 정령인 살라만더를 표현한 도마뱀 분수가 있는데, 날씨가 계속 맑을 때는 물을 뿜지 않는데, 다행히 우리가 갔을 때는 물줄기가 쏟아지고 있었다. 좀 더 내려가면 그리스 신화에서 아폴론에게 살해당한 피톤의 머리 장식이 있는 뱀 모양의 분수가 있다. 두 분수가 다 사진 스팟이어서 사람들이 줄기차게 사진을 찍고 있었다.

　경비초소와 현재 기념품샵으로 사용되는 관리실 건물 또한 색달라서 끝까지 보는 이의 눈을 황홀하게 만든다. 두 건물은 마치 동화 속 집인 헨델과 그레텔을 떠오르게 한다.

　12시 30분 즈음 나와서 사그라다 파밀리아 성당으로 향했다. 걸어서 30분 거리이고, 3시 입장이라 시간이 있어서 중간에 걸어가다 적당한 식당에서 대충 요기를 하였다. 성당 가까이에서 입장 예약 시간까지 시간이 나서 인근 카페에서 음료도 섭취하였다. 사그라다 파밀리아 성당 입구에서 사진을 다시 찍고 입장한 후 오디오 가이드만 하나 추가하였다.

　성당 내부는 탄생의 파사드(면)로 출입해서 영광의 파사드 쪽으로 돈 뒤 수난의 파사드로 나가는 구조이다. 탄생의 파사드는 동쪽에서 해가 뜨면 파랑과 연두, 초록 등의 색상으로 구성된 스테인드글라스로 장식되어 희망과 탄

생을 나타내고, 수난의 파사드 쪽인 서쪽으로 해가 지면 빨강, 주홍, 노랑의 빛의 스테인드글라스가 죽음과 순교를 나타내고 있다. 수난의 파사드 스테인드글라스에서 김대건 신부(세례명 안드레아)님을 찾을 수 있다. 남쪽의 영광의 파사드는 공사 중인데, 세계 각국의 언어로 주기도문 구절이 새겨져 있는 문을 볼 수 있다. 한글로 '오늘 우리에게 필요한 양식을 주옵소서.' 구절도 찾을 수 있다.

교회 내부는 숲속을 연상시키는 디자인으로 구성되었고, 기둥은 나무 줄기와 가지를 표현하며 높은 천장을 지탱한다. 내부는 흰색인데, 스테인드글라스가 햇빛에 비치어 그 색 그대로 벽면에 새겨지게 되어 있다.

태양의 위치에 따라 다른 색이 성당 안을 가득 메우며, 성당 안에서 그 색을 바라보고 있노라면 성스러운 기운이 들 정도로 찬란하였다. 아침 햇살과 석양이 질 때 그 아름다움과 화려함은 절정을 이룬다고 한다. 성가족성당은 죽기 전에 한번은 방문해야 하는 세계의 유산 중 하나이다. 성당 내부에 있으니 너무 아름답고 신비로워서 지구에서는 보기 힘든 외계 행성에 온 듯한 느낌을 받았다. 성당 내부 사진을 아무리 많이 찍어도 그 아름다움을 담아낼 수 없었다.

애들은 성당 내부에서 피곤했던지 지루하여 빨리 집에 들어가자고 졸랐다. 이렇게 아름다운 성당을 제대로 볼 생각은 않고 평생 한 번 보기도

힘들다며 최대한 오래 성당 내부에 머물고자 아내와 나는 노력하였다. 가까스로 2시간 정도 머문 후 주변의 택시를 타고 숙소로 돌아왔다.

구엘공원 입장료는 성인 10유로, 아이(7세~12세) 7유로이다. 사그라다 파밀리아 성당 입장료는 성인 26유로, 11세 이하 어린이는 무료이다. 구엘공원과 사그라다 파밀리아 성당은 세계 어느 곳과는 다른 공원과 성당이어서 잠시 동화 속이나 외계 행성에 갔다 온 듯하고 본 게 색다르고 많아서 뿌듯한 감동이 깃든 곳이었다.

숙소에서 애들에게 엄마가 씻고 있을 동안에 '몰타에 있는 것보다 여행 오니 좋으냐?'고 물었더니 딸아이가 '여행 오면 휴대폰 게임을 하게 해 줘서 좋다.'고 엄마에게는 말하지 말라고 답했다. 내가 아이들을 데리고 사랑하는 가족과 함께 추억을 쌓으려고 돈과 시간을 들여서 여행하는 것이 내가 원하는 것이지 애들이 원하는 것과는 다르다는 것을 깨달았다. 다음부터는 아내 말대로 애들이 싫다는데 억지로 데리고 가는 게 바람직하지는 않겠다는 생각이 들었다. 딸의 대답이 기대하는 것보다 훨씬 미치지 못했지만, 나중에는 애들에게 돌아봤을 때 좋은 기억으로 남기를 바랐다.

다들 오늘 일정에 지쳐 피곤하여 택시를 불러 숙소로 돌아갔다. 1시간 정도 쉬고 나서 저녁 먹으로 시우다드 콘달로 다시 갔다. 실내는 꽉 차서 야외 테라스로 자리를 잡았다. 첫날 먹었던 음식에 꿀대구를 더 시켜 먹었다. 꿀대구도 행복할 정도로 맛있었고, 전체적으로 훌륭한 식사였다.

식사 후 벙커에 야경 보러 가고 싶었지만, 아내가 아이들과 자기는 피곤하기에 멀리 가기 싫다 하였다. 인근 카탈루냐 광장 옆에 있는 백화점(El Corte Ingles) 꼭대기(9층) 식당 겸 카페(La Placa Gourmet Cafeteria)에서 야경이 가능하다는 말을 들은 터여서 거기 가 보기로 했다. 도착하자 사람들이 많고 복잡하여 한국 사람들 특징인 눈치를 보다 마침 테이블을 비우는 걸 보고 가족들이랑 앉아 사진을 찍고 야경을 대충 둘러보았다. 완전 산꼭대기에서 내려다보이는 뷰는 아니었고, 건물들 꼭대기가 시야랑 수평선상에 있어 기대만큼은 아니었다. 10여 분 시간을 보내고 숙소로 돌아왔다.

나중에 바르셀로나 벙커에서 야경을 본 한국인들을 만났는데, 마리화나 냄새가 군데군데서 났고, 뷰는 그냥 그렇고 서울 야경이 더 낫다는 말에 위로가 되었다.

내일 몬세랏 투어를 가고 싶었는데, 아내는 굳이 멀리까지 돈 들여 가기 싫다고 하여 혼자서라도 가려고 하였다. 며칠 전부터 계속 예약을 하려 마이리얼트립 앱을 지켜보고 있었는데, 이틀 전에 보니 웬만한 곳은 다 예약이 차고 마감되었다. 숙소에 돌아와 며칠 전부터 보인 옆방 한인 가족에게 이런 얘기를 하니 팁을 주었다. 자기네들도 예약을 못 하고 있었는데, 메시지를 보내 사정을 얘기했더니 3인을 추가해 주었다는 것이다. 나도 동일 투어 상품에 안내에게 메시지를 보내 꼭 1인 추가해달라고 했더니 사정을 들어주어 옆방 가족이랑 같이 가게 되었다.

몬세랏에 투어 없이 개별적으로 가려면 Pl. Espanya역으로 가서 기차를 타고 다시 산악열차나 케이블카를 이용하여야 한다. 시간과 비용을 생각하면 투어가 훨씬 합리적이다.
한인 민박집에 머무르기에 정보를 얻을 수 있었고, 한인이 운영하는 투어이기에 가능했다. 60유로를 내고 뒤늦게라도 몬세랏과 시체스 투어를 예약하여 대단히 만족스러웠다.

(4일차) 바르셀로나: 몬세랏, 시체스, 플라멩고 쇼
오늘은 나는 혼자 몬세랏과 시체스 투어를 가고, 아내는 아이들과 낮에 고딕지구와 가우디가 지은 집 구경을 하기로 하였다. 그리고 저녁에

는 플라멩고 쇼를 예약해 놓았다.

몬세랏은 카탈루냐 말로 '톱니 모양의 산'이라고 불리고, 어마어마하게 웅장한 바위산에 베네딕트 산타 마리아 몬세랏 수도원이 있다. 시체스는 바르셀로나 인근 부유한 사람들이 사는 휴양도시인데, 아름다운 해변과 국제 영화제로도 유명한 곳이다.

유럽은 3월 마지막 주 일요일에 써머타임을 시작하고 10월 마지막 주 일요일에 써머타임을 해제한다. 금일 새벽 3시 시간을 2시로 돌려놓으면 된다. 스마트폰은 자동적으로 시간이 맞춰지고, 아날로그시계는 시간을 고쳐 놓아야 한다. 대개 유럽의 젊은이들은 어제 토요일을 한 시간을 벌기 때문에 엄청 밤늦게까지 술 마시고 즐긴다고 한다.

옆방의 가족은 항공사에 근무하는 딸이 부모님을 모시고 바르셀로나에 며칠을 여행 왔다. 항공사에 근무하기에 국적기 비행기 편을 싼 가격에 살 수 있는 모양이었다. 부모님은 나이가 찬 딸이 결혼 안 하는 것을 걱정하지만, 딸은 여가 시간에 부모님을 위해 좋은 여행지를 모시고 다닌다고 했다. 가족끼리 서로에 대한 애정이 충만해 보였다. 아침을 서로 챙겨 먹고 집합 시간인 7시 50분까지 걸어갔다. 어제 가이드 투어 미팅 장소와 가까워 찾아가기 어렵지 않았다. 8시에 출발하여 9시에 몬세랏에 도착하였다.

가이드 인솔하에 1시간 정도 같이 내부를 돌아보고 설명을 들은 후 검

은 성모 마리아상부터 개별적으로 둘러보았다. 성모 마리아는 원래 목조로 되어 있고, 처음부터 검은 것은 아니었으나 아래 초의 파라핀 성분 때문에 검게 변했다는 설명을 들었다. 성모 마리아상을 보고 나오니 소원 양초를 놓는 곳이 있었다. 하나를 놓으려니 같이 온 가족의 아버님께서 몇 유로 내야 한다고 말렸다.

가이드가 자유 시간을 주며 트랙킹 코스를 추천하였다. 푸니쿨

라를 타고 올라간 돌산 꼭대기에서 바라보는 수도원은 좀 더 아름답고 주변 계곡과 한국과는 색다른 자연을 바라보고 있노라니 여기 오기 잘했다는 생각이 강하게 들었다. 한 시간가량 산책코스로 내려가는 길에 수도원을 적당한 거리에서 볼 수 있는 뷰 포인트를 가이드가 추천해 주었다. 구글 맵 **'Creu de Sant Miquel'**인데, 정말 여기서 수도원을 바라보기 위해 몬세랏에 왔다고 할 정도로 기가 막힌 뷰였다. 친구끼리 같이 온 20대 여대생으로 보이는 둘은 차 출발시간까지 몇 시간을 앉아 이곳에서 보내고 왔다. 나도 30분 정도 광활한 몬세랏 전망과 수도원 뷰를 감상하였다. 그 장소를 떠나려니 발걸음이 떨어지지 않을 정도였다. 이런 곳에 수도원을 지은 인류의 기나긴 투쟁의 역사를 보는 듯했다.

수도원으로 내려와서 카페 겸 식당에서 요기를 하였다. 그리고 미리 예매한 몬세랏 박물관 관람까지 하였다. 전일 급하게 예약하다 보니 잘못 읽어 가이드가 동반하는 줄 알았다. 돈이 아까워 혼자 박물관을 둘러보고 나왔다. 크게 감명받을 만큼 미술작품에 조예는 없다. 다만, 피카소의 작품과 어디에선가 보고 들은 알 만한 작품 몇 점이 있었다.

유명한 소년성가대 합창은 토, 일요일에 일정이 없다. 방학이나 특별한 날을 제외하고 평일 13시에 15분 동안 있다. 버스 집합 장소로 가니 사람들이 모이고 있었다. 가이드가 추천한 뷰 포인트 장소를 못 간 사람들도 제법 있었다. 가이드가 단톡방에 위치를 남겨 놓았으면 잘 찾아갔을 텐데, 나도 위치를 못 찾아 지나친 후 다시 돌아가서 그 장소를 찾았다. 같이 온 민박집 가족도 부모님이 연세가 있으셔서 거기까지 못 가 봤다고 듣고는 아쉬워하였다.

2시쯤 시체스로 출발하여 3시 20분쯤 도착하였다. 가이드가 축구선수 메시가 매입한 호텔도 보여 주며 해변으로 안내하였다. 안내 후 자유 시간을 2시간 가까이 주어 민박집 옆방 가족과 돌아다니며 서로의 사진을 찍어 주었다. 카페에서도 앉아 음료를 마시며 사는 얘기와 여행 이야기를 나눴다. 시체스는 몬세랏만큼 큰 감동은 없었다.

17시 20분에 바르셀로나로 출발하여 18시쯤 도착하였다. 아내와 연락하여 숙소 인근에서 만나 플라멩고 공연을 보기 위해 예약한 Los

Tarantos로 향했다. 아내는 아이들과 함께 고딕지구와 구엘주택 내부 관람을 하였다고 했다. 플라멩고 공연은 숙소 가까이에 있는 장소로 예매하였는데, 포스터에는 젊은 매력적인 여자가 나와 기대하였는데, 막상 공연에서는 4, 50대 거구의 여자와 2, 30대 마른 남자가 공연하였다. 스페인 사람들로 보이는 백인 관광객들은 열광하였는데, 우리 가족 모두는 감명받지 못하고, 시간만 채우고 숙소로 돌아왔다.

(5일차) 바르셀로나: 람블라스 거리 → 마드리드

오늘은 마드리드로 이동이 있는 날이다. 아침에 느지막이 일어나 짐을 정리하고 민박집에 맡긴 후 숙소를 나섰다. 민박집 사장님이 아이들 선물을 하나씩 사 주셔서 감사했다. 오전에 예정된 일정이 없어 여유가 있었다. 패키지여행과 달리 여유가 있으니 어디를 돌아 볼까 하며 여유를 부릴 수 있었다.

아내의 요구대로 람블라스 거리를 유유자작 걸으며 해변 쪽으로 발길을 향했다. 콜럼버스 동상에서 사진을 찍고 숙소 쪽으로 돌아오며 야외 테라스에서 아점을 먹었다. 어제 아내와 아이들이 가 보았다던 구엘저택 외부를 보았다. 딱 보아도 비범하여 가우디 건축물임을 쉽게 알아볼 수 있었다. 아내는 내부도 보았는데, 신기한 게 많았다며 이런저런 내부 모습을 설명하였다.

숙소로 돌아와 짐을 챙기고 나와 택시를 타고 바르셀로나 상트 역으로 갔다. 미리 예약한 OUIGO 기차를 탔다. 기차를 좋아하는 아들이 스페인 기차가 아니라 프랑스 기차임을 알아보았다. 바르셀로나-마드리드 구간은 스페인 국영철도 Renfe의 초고속열차 AVE를 많이 이용하는데, 21년 5월 새로운 저비용 위고 열차가 등장하였다. 프랑스 국유철도 SNCF가 운영하고, TGV 열차와 같은 기차로 스페인에 진출하였다. 바르셀로나-마드리드 간 고속열차 Ouigo 인당 요금은 성인 29유로, 아이가 5유로이고 3시간가량 걸렸다. 13시 38분에 출발하여 16시 30분에 도착하였다. 오는 동안 사막 같은 곳도 보았고, 기차 내부에 작은 카페가 있어서 아이들에게 동전을 주어 간식을 사 먹게 하였다.

마드리드 아토차역에 도착한 후 택시를 15분 정도 타고 예약한 숙소인 Ibis Styles Madrid Las Ventas에 도착하였다. 숙소는 깔끔하고 좋았다. 조식 포함하여 2박에 50만 원 정도를 지불하였다. 5시에 도착하였기에 짐을 풀고 주변 식당을 찾으려 돌아다녔는데, 문을 닫았거나 구글 맵 사진보다 지저분하여 숙소로 돌아와 호텔 내 식당에서 먹었다. 잘한 선택이었다. 음식 맛도 좋고, 가격도 그렇게 비싸지 않았다.

(6일차) 마드리드: 세고비아, 톨레도

오늘은 마드리드 인근 세고비아와 톨레도 투어가 있는 날이다. 조식을 먹고 9시 전에 투어 미팅 장소인 프라도 미술관에 도착하였다. 간단한 인사와 소개를 하고 두 그룹으로 나누어 차량에 탔다. 마드리드에 거주하는 쌍둥이 형제가 오늘 기사 겸 가이드로 나왔다. 우리 그룹에는 코로나 때문에 미루었던 신혼여행을 온 젊은 부부와 국내에서 교수로 계시다가 프랑스에 머무르고 있는 공대 교수님 한 분과 한 팀이 되었다.

1시간 20분이 걸려 세고비아 알카사르 성에 도착하였다. 디즈니 백설공주의 모티브가 되었고, 감옥으로도 이용되어 콜럼버스가 갇혔던 곳이고, 이후에는 포병 학교로 기능을 하기도 하였다. 우리는 성 내에는 들어가지 않고 바깥을 배경으로 이동해가며 사진을 찍었다. 성을 보니 백설공주가 사는 성이 떠오르긴 하였다. 'Mirador de la Pradera de San Marcos' 라는 궁전이 잘 보이는 잔디밭 뷰 맛집에서 파란 하늘과 성을 배경으로 사진을 찍었다.

장소를 옮겨 2000년 전 로마인들이 건설한 세고비아 수도교를 보았다. 원형이 그대로 남아 있어 웅장한 느낌이 들었다. 그 시대에 이런 건축물을 지었다니 역시 로마인들은 놀랍다. 교수님과 세고비아로 오는 차 안에서 로마 시대에 관해 얘기했는데, 둘 다 공학 전공이지만 교수님이라 그런지 여러 분야에 해박한 지식을 가지고 있었다. 내가 예전에 로마인 이야기를 읽어서 대화가 가능하였다. 현대에 로마인들이 남긴 것들이 많은데, 그중에 정치제도, 콘크리트, 법전, 고속도로 등이 있다고 얘기했더니 약간 놀라는 눈치였다. 수도교는 예전에 펌프나 이런 게 없었기에 멀리 있는 수원지에서 높이차를 이용하여 물을 도시로 끌어오는 역할을 한다.

웅장한 수도교를 배경으로 사진을 찍고 있는데, 소매치기 같은 녀석들이 뒤에서 얼쩡거리는 것을 느꼈다. 유럽 관광지는 어디를 가나 항상 조심하여야 한다. 가이드가 나중에 소매치기가 맞다며 조심하라고 주의를 주었다. 수도교가 끝나는 지점으로 가면 수도교를 배경으로 환상적인 뷰를 가진 포토 스팟을 찾을 수 있다.

2시쯤 중세풍을 많이 느낄 수 있었던 세고비아를 뒤로 하고 톨레도 쪽으로 향했다. 가이드가 점심으로 현지식과 스페인에 이민 온 한국 가정에서 내놓은 삼겹살 정식 중 선택하라고 하였다. 다들 한식이 그리워 한식을 선택하였다.

오랜만에 삼겹살에 한국식 쌈장을 상추에 얹어 배부르게 먹은 후 우리 아이들은 집 밖 정원에서 고양이를 보며 시간을 보냈다. 4시에 출발하여 6시쯤에 예전 스페인 수도인 톨레도에 도착하였다.

노을이 질 무렵 톨레도 대성당을 배경으로 사진을 찍었다. 묘하게 물이 잠겨 있는 예술작품 같은 곳 앞에서 가이드가 사진을 잘 찍어 주었다. 그 후 자유 시간을 가졌다. 구시가지를 걸으며 간식을 먹기도 하며 상점과 중세시대 거리를 감상하였다. 약국에서 스페인의 유명한 마시는 링거라는 피로회복제 포텐시에이터를 구매하였다. 한 상자에 2만 원 정도인데, 한국에서는 8만 원에서 10만 원으로 가격이 형성되어 있다. 3팩을 구매하여 한국에 돌아가 부모님 및 지인들에게 기념품으로 조금씩 나누어 주었다.

이후 인근 톨레도 파라도르(Parador de Toledo)로 차량을 타고 갔다. 여긴 호텔인데 같이 딸린 레스토랑 인근에서 톨레도 야경이 아주 훌륭하여 감상하였다. 배우 지성이 아내 이보영에게 프로포즈한 곳이라고 가이드의 설명을 듣고, 나도 따라서 아내에게 즉석으로 프로포즈하였다. 영화 속에서 본 것처럼 한쪽 무릎을 꿇고 '은퇴 이후에도 같이 오랫동안 잘 살아 달라.'며 한도가 1,000만 원이 넘는 내 신용카드를 선물로 주며 가슴 두근거리며 프로포즈하였다. 많은 사람들 앞에서 다시 승낙할까 정말로 두근거렸다.

이내 곧 딱지 맞았다. 나중에 아내에게 들은 이유로 아내가 매번 요구하는 옷 잘 입고 다니라는 말도 무시한 채 구질구질한 옷 입고 여행 다니고, 그 돈으로는 이제 성에 안 차고, 신혼부부도 와 있는데 이게 무슨 배려도 없는 짓이냐며 거절했다는 것이다. 나중에 몰타에서 다른 가족들에게 자랑같이 얘기한 걸 보니 '아내에게는 재미있는 추억이었구나.'라고 생각하고, 넓은 남편의 마음으로 이해하기로 혼자 정리하였다. 사실 이것 말고는 다른 선택지는 없었다.

인터넷 후기를 보면 톨레도가 세고비아보다 더 좋았다는 글들이 많은데, 점심 식사 먹은 후 바로 출발하지 않고, 30분 넘게 소비한 느낌이 있어 좀 더 일찍 와서 톨레도 구시가지를 돌아봤으면 하는 아쉬움이 들었다.

저녁 7시 40분에 모든 일정을 파하고, 1시간 걸려 마드리드 프라도 미술관 앞으로 돌아왔다. 주변을 돌아보다 인근 식당(Vinitus Gran Via Madrid)에 들려 혼자 여행 온 교수님과 함께 뒤늦은 저녁을 먹고 숙소로 돌아왔다. 교수님이 몰타 얘기를 듣고 관심을 가지면서 다음에 방문해 보겠다고 하였다.

프라도 미술관 인근은 공원도 있고, 길거리도 화려하여 볼 것들이 많아 아내가 마음에 들어 하였다. 숙소를 여기 근처를 잡고 첫날 저녁에 여기를 둘러봤으면 좋지 않았겠느냐며 또 핀잔을 들었다. 마드리드 우리 숙소에서 중심가인 프라도 미술관 쪽까지 조금 멀어 약간 불편하였다. 매번 택시를 타고 왕복을 하여 그 돈으로 관광 중심지에 숙소를 구하지 하며 투덜거림을 들어야 했다. 계획 세울 때는 아무 말도 없다가, 자기가 그럼 숙소 정하지, 마드리드 호텔비가 싸지 않고 관광지 인근에는 숙소가 좀 더 비싸서 이 숙소를 골랐는데, 택시비(한 번에 12유로)와 이동시간 등을 고려하고, 비용을 크게 생각하지 않으면 중심지가 좋은 걸 나도 모르는 바는 아니라고… 혼자서 생각만 했다.

(7일차) 마드리드: 프라도 미술관 → 포르투

오전 조식을 먹고 짐을 정리한 후 호텔에 맡기고 택시를 타고 프라도 미술관으로 갔다. 오늘 오전은 프라도 미술관이 유명하고 특별한 일정도 없어 딸아이가 그림 그리는 것을 좋아하여 마드리드 온 김에 미술관을 관람하기로 했다.

　세계 5대 미술관으로 1819년에 개관한 스페인에서 가장 역사가 깊은 미술관이다. 입장료는 성인은 인당 15유로, 18세 이하 아이는 무료이다. 오디오 가이드(5유로)를 하나 추가하였다.

　아내와 나는 그림에 대해 잘 몰라 재미없이 둘러보는데, 어떤 그림에 대하여 딸아이가 주저리주저리 설명을 해대는 것이었다. 얼마 전 읽은 책에서 나오는 내용이라며 딸아이가 설명하는 그림의 배경에 대하여 듣자 그림이 좀 더 와닿았다. 워낙 그림이 많아서 돌아다니기도 귀찮았는데, 아들이 10분도 안 되어 지루하다며 늘어지기 시작하였다.

조금 더 보다 난 아들을 데리고 미술관 내 카페에 가서 놀고 아내랑 딸은 그림 구경을 하였다. 그러다가 아내가 카페에 와서 아이들에게 미션을 주었다. 미술관 내 한국어 가이드 지도상에 표시된 유명 그림들마다 방 번호가 있는데, 지도를 보고 그림을 찾으라고 하자 아들도 신나하면서 그림을 찾아다녔다. 미술관에 11시 전에 입장하여 2시쯤 나왔으니 3시간 정도 그림 보았다. 애들이 지루해하면 카페에서 시간을 보내기도 하며 유명한 프라도 미술관에서 나름의 의미 있는 시간을 보냈다.

2시에 나와 인근 한식당 '한강'에서 한식을 먹었다. 식당은 깔끔하였고, 오랜만에 먹는 한식이라 배불리 먹었다.

숙소로 택시 타고 돌아와 짐을 챙기고 다시 택시를 타고 마드리드 바라하스 공항 터미널2로 갔다. 4시가 조금 안 된 시간에 도착하였는데, 당연히 마드리드가 큰 국제도시이고, 터미널도 4개나 있기에 큰 공항인지 알고 일찍 도착하는 것으로 일정을 잡았다. 7시 비행기인데 3시간 전에 도착하고, 터미널도 작으니 아내의 불만이 시작되었다. 아내는 좀 더 마드리드 시내를 구경하고 싶어 했었다. 공항 내 면세점도 아내 마음에 안 들게 작은데, 쇼핑하고 있을 동안 난 자리에 앉아 게이트가 열리기를 기다리고 있었다. 그 와중 아이들을 데리고 다니다 쇼핑 공간에서 한참 떨어져 있는 나한테 애들끼리 찾아가라고 보내니, 평소 걱정이 많은 내가 화를 내게 되고 공항에서 언쟁을 하며 싸움에 이르게 되었다. 난 한 번도 방문한 적 없는 외국이고, 아이들도 있기에 날 세우고 긴장하고 있는데, 아내는 본시 그렇게 우려도 없고 만사태평인 사람이라서 부딪히게 되었다.

비행기를 타고 포르투에 도착한 후 택시를 타고 숙소로 가는 길에 야경을 보았는데, 인근 시가지들이 다들 단초롭고 아름다운 느낌이 들었다. 멀리 포르투에 오길 잘한 것 같은 느낌이 들었다.

숙소는 한인 민박집으로 '오다가다 포르투'이다. 포르투갈 전통 가옥으로 층고가 높고 깔끔하고 조식도 평이 좋고 저녁 9시에는 포틀럭 파티가 있다. 게다가 딸아이가 좋아하는 고양이가 3마리나 있다. 여기 4인 가족실을 예약하려고 엄청 노력하였는데, 먼저 예약한 사람이 있어서 3인실을 예약하고 나는 도미토리에 묵었다.

숙소에 짐을 내려놓은 뒤 인근 레스토랑에서 9시에 저녁을 먹었다. 피자와 스파게티 등을 시켰는데, 포르투갈 물가가 싸다는 것을 느꼈다. 아내는 와인 한 잔을 곁들이며 분위기를 즐겼고, 숙소로 돌아간 후 피곤한 여정으로 일찍 잠들었다.

(8일차) 포르투: 마제스틱 카페, 렐루서점, 도루 강, 모루 정원

아침 조식은 괜찮았다. 30대 후반이나 40대 초반으로 보이는 남자가 민박집을 운영하는데 아침까지 맛있게 하자 어디서 식당 주방장 같은 거 했었냐고 물으니 인터넷 보고 배웠다고 하였다.

딸아이는 오기 전부터 고양이가 3마리나 있

다고 말해 줘서 기대가 컸었는데, 아침부터 고양이를 쓰다듬고 난리다.

길을 나서 30분을 걸어 포르투갈에서 가장 오래된 카페라는 마제스틱 카페(Majestic Café)에 들러 음료를 마시다 잠깐 분위기를 구경했다. 분위기가 정갈한데 오래된 느낌이 있고 고풍스러운 면도 있었다. 세상에서 가장 아름다운 카페 6위로 선정될 만큼 고급스러운 분위기로, 조엔 K. 롤링이 이곳에서도 《해리포터》를 집필했다고 한다. 아르누보(새로운 예술의 뜻) 양식으로 지은 포르투를 대표하는 아름다운 건물 중 하나로 바닥에서부터 천장까지 우아함을 느낄 수 있었다.

10분을 걸어 렐루서점에 도착하였다. 조앤 롤링이 《해리포터》 시리즈의 영감을 주었던 서점이다. 해리포터 시리즈를 저서한 조앤 K. 롤링이 포르투에서 신혼생활을 보냈는데, 마법 학교의 계단이 이 서점의 계단에서 영감을 받았다. 《해리포터》 서점이라는 애칭도 가지고 있으며 포르투 최고 명소 중 한 곳이다.

3세 이하는 무료이고, 입장료가 5유로였는데 예매를 하지 않아서 줄을 20~30분 서다가 들어갔다. 구경하는 데는 20~30분 정도면 충분한데 관광객들이 많아서 사진 찍고 여유 있게 50분 정도 둘러보다 나왔다.

인근 식당에서 점심을 먹고 주변을 돌아다녔다. 높은 위치에서 보이는 도루 강과 주변 경관은 타 유럽 도시와는 다른 감성을 풍겼다. 파리 에펠탑을 만든 구스타브 에펠이 지었다는 동루이스 1세 다리도 멋졌다. 중간에 카페에 들러 포르투갈의 유명한 에그타르 디저트도 맛보았다. 우리 입맛에도 아주 잘 맞아 맛있게 먹었고, 나중에도 몇 번이나 더 먹었다.

유명한 야경을 보기 위해 모루 정원으로 올라갔다. 올라가는 길에도 노을이 져 상당히 예쁜 전경을 자랑했다. 정원에는 사람들이 야경을 보기 위해 많이 모였고 낭만적인 순간을 즐기기 위하여 와인을 들고 나와 마시는 사람들도 있었다. 한국 사람들도 제법 많이 보였다. 포르투 야경은 유명한 만큼 한 번쯤 와 볼 만하다.

택시를 타고 숙소 인근의 한식당인 '온도'에 가서 한식을 먹었는데, 포르투갈인이 요리하는데 거의 한국 맛이랑 비슷하였다. 현지인들도 많이 있고, 식당이 제법 붐볐고, 늦게 오면 웨이팅도 해야 했다. 여행이 일주일이 넘어가니 피곤한 감이 있었는데, 한식은 역시 지친 몸과 마음에 위로가 되었다.

8시쯤에 숙소에 도착하여 쉬고, 아내는 아이들 재우고 나는 포틀럭 파티에 참석하였다. 젊은 학생들뿐만 아니라 캐나다에서 살다가 여행 온 노부부도 있었다. 아주머니께서 몰타 얘기를 듣고 한번 놀러오고 싶다 하였다. 민박집 사장님이 내어 주신 포르투 와인(Porto CRUZ, TAWNY)은 다른 와인과 달리 알코올 도수가 세지만 단맛이 많이 나 독특한데 맛있었다. 나중에 다른 포르투 와인을 먹어 봤지만 이렇게까지 달지는 않았다.

(9일차) 포르투: 볼량시장, 상 벤투 역, 대서양 해변, 와이너리, 모루 정원, 동루이스 1세 다리

지친 영혼에 안식을 주는 한식 조식을 먹고, 느지막하게 오늘 여정을 11시가 안 되어 나섰다. 10분을 걸어 볼량 시장에 들렀다. 시장 내 마켓들을 둘러보며 아이들은 사탕 등 간식을 먹고 아내는 와인을 한잔하였다. 물가는 확실히 저렴하였다.

시장을 나와 5분을 걸으니 상 벤투 역이 나왔다. 아들은 포르투갈 기차라며 좋아하였다. 상 벤투 역 안의 파란색 타일 벽이 예사롭지 않았다. 이는 아줄레주 장식(스페인과 포르투갈에서 유리 타일을 부르는 명칭으로 주석 유약을 칠해 그림을 그린 도자기 타일의 일종)으로 당시 최고의 아줄레주 화가였던 조지 클라코가 12년 동안 한 땀 한 땀 약 2만 개의 타일로 포르투갈의 역사를 정교하게 그려냈다고 한다. 역에서 나와 길거리를 걸으며 아내는 좋아하는 쇼핑 가게도 들리며 여유로운 시간을 보냈다.

아들이 좋아하는 기차 같은 1번 트램을 타고 대서양 해변으로 향했다. 이 전차(트램)는 100년쯤 되어 보이는 것으로 관광자원으로 활용하고자 옛것 그대로를 사용한다고 한다. 도루 강을 따라 대서양 해변까지 간다. 덜컹대는 전차 소음이 100년 전쯤으로 돌아간 듯한 감성을 전해 주었다.

해변을 걸으며 적당한 식당에서 요기를 한 후, 바다를 볼 겸 해변의 작은 모래사장으로 나왔다. 아이들은 모래사장에서 놀고 싶다며 떼를 썼고 아내와 나는 바쁜 게 없다며 아이들 노는 모습을 보았다. 아이들은 대서양 파도와 놀며 깔깔거리며 즐거운 한때를 보냈고, 나는 연신 휴대폰으로 동영상 촬영을 하며 행복을 담았다. 천진난만하게 파도와 노는 아이들을 보니 마냥 미소가 지어졌다. 바다 저편을 보며 12년 전 보스턴에서 본 바다와 서로 맞닿아 있다는 생각을 하였다. 내 평생 지구에서 서쪽 방향으로 제일 멀리까지 와 본 곳이 여기다.

택시를 타고 도심으로 다시 돌아왔다. 나는 혼자 테일러스 와이너리 체험을 하러 갔고, 아내와 아이들은 어제 들렀던 카페에서 에크타르 디저트와 커피를 마시기로 했다. 와이너리에서 오디오 가이드를 통해 설명을 들었고, 두 종류의 와인을 시음하였다. 어제 민박집에서 주던 달콤한 와인은 아니었다.

어제와 같이 모루 정원으로 올라가며 야경을 감상하였다. 2번 봐도 질리지 않고 아름다웠다. 사진을 마음껏 찍으며 노을이 드는 저녁의 포르투 풍경을 감상하였다. 루이스 1세 다리를 도보로 건너며 야경을 담았고, 한국 여행자에게 문어밥 맛집으로 유명한 식당인 제 보타(Ze Bota)에 들러 포르투에서의 마지막 저녁을 장식하였다. 약한 감기에도 불구하고 포르투 와인을 곁들이고 맛있는 식당에서 디저트까지 먹으며 한껏 마지막 밤을 기념하였다.

(10일차) 포르투 → 리스본 → 몰타

아침 조식을 먹고 택시를 타고 인근 캄파냐 역으로 갔다. 10시 38분 기차를 타고 3시간 20분가량 걸려 리스본 오리엔트 역으로 도착하였다. 역 인근에서 점심을 대충 먹고 택시를 타고 리스본 공항에 도착한 후 17시 5분 비행기를 타고 약 3시간 걸려 몰타에 도착하였다. 포르투에서 몰타 직항은 시기별로 있기도 하고 없기도 한데, 포르투에서 다른 나라 경유해서 몰타 들어오는 것보다 아들이 기차를 좋아하여 리스본으로 기차로 가서 공항 이용하는 게 더 이점이 많아 리스본 Out으로 결정하였다. 리스본 공항에서 라이언 에어를 이용하였는데, 기내 수화물 개수를 검사하여 추가 요금(92유로)을 물었다. 몰타 들어오면서 감기가 좀 더 심해져 3달 이상을 가게 되었다.

3) 감상

가우디 투어는 바르셀로나 여행에서 필수이다. 아는 만큼 보인다고 가우디 인물과 건축물에 대한 배경지식과 이해가 없다면 반쪽자리 여행이 될 것이다. 나중에 크루즈 여행 시 바르셀로나에 하루 일정으로 오게 되는데, 이번에 3박 하고 그때 좀 더 보는 건데 이번에 너무 다 본 느낌이어서 나중에 볼 게 없어지는 게 아닌가 우려가 들었다. 하루 일정을 다른 곳에 넣었으면 하는 아쉬움이 남았다.

투어 중 가이드 말에 따르면, 바르셀로나는 우리나라 대사관에서 조사한 가장 여권 분실 신고가 많은 도시이다. 바르셀로나 여행 전부터 유튜브 등으로 바르셀로나 소매치기 유형과 방지법 등을 미리 공부하였다. 람블라스 거리, 카탈루냐 광장 등 사람들이 많이 모이는 곳에서 가족 모두 긴장하고 다녀서인지 소매치기 같은 불상사는 일어나지 않았다. 여행 중 뭔가를 잃어버리면 그 도시에 관한 추억이 악몽으로 변할 것이기에 우린 조심하였고, 다행히도 불상사가 없었기에 바르셀로나는 우리 기억 속에 가장 아름다운 도시 중 하나로 남았다.

스페인 여행 시 투어를 함께 하였던 교수님에게서 포르투갈 전통 음악인 파두에 관해 들었다. 민박집에서 그에 관해 물으니 포르투에서는 없고 리스본에서 감상할 수 있다는 것이다. 파두는 스페인 플라멩코와 함께 이베리아 반도의 대표적인 음악인데, 포르투갈 사람들 특유의 한의 정서를 대변한다고 한다. 14세기 정도부터 있었던 술집 같은 곳에서 부르는 서민 음악으로 바다로 나갔다가 돌아오지 않는 선원들을 그리워하는 음악이다. 나중에 찾아보니 포르투에서도 공연하는 곳이 있었다. 민박집 사장님 말만 믿었던 게 잘못이었다.

스페인에서 유명한 것 중 하나가 환타다. 스페인에서 오렌지와 레몬이 많아서 환타에서 그 함유량이 높아 맛이 더 달다고 해서 한 번 먹어 봤더니 한국에서 마시는 것보다 훨씬 더 맛있었다. 츄파춥스의 고향 또한 스페인이다.

유럽 여러 도시들을 여행하다 보면 광장, 성, 성당 및 교회 등 건물마다 서로 다르지만 느낌이 비슷하여 거기가 거기인 느낌이 있었는데, 바르셀로나는 천재 가우디의 독특한 건축물이 있어 흔한 성당이나 공원 등이 색달랐다. 구경하고 나니 보람되고 알찬 여행이었다는 느낌이 충만하였다. 다만 이번 여정은 10일이어서 기간이 길어 피곤한 감이 없지 않았고, 아내 말대로 다음부터는 일주일 정도로 여행 기간을 줄이기로 했다.

2. 여행의 여행의 여행을 가다
   (지중해 크루즈 7박 8일)

23. 3. 29-4. 5(7박 8일, 4인 가족)

1차 선예약   650,000
Final 지급   2,550,000
크루즈내   300,000
기항지   400,000
총합   3,900,000

1) 여행준비

　애초에 지중해 크루즈 여행은 몰타 들어오기 전 계획에 없었다. 크루즈 여행은 언젠가 한번 해야지 했는데 몰타 와서 이런 것을 처음 들었다. 여기저기 알아보니까 평이 꽤 괜찮고 새로운 경험을 좋아하는 나로서도 구미가 땡겼다. 크루즈 여행은 seascanner.com에서 검색하였는데, 몰타에서 출발하는 것은 2가지 코스가 있었다. 미리 예약하면 싸다고 들어서 22년 9월 28일에 예약하였다. 23년 애들 학교가 3월 30일(목)부터 이스터(부활절) 휴가 기간이 2주 정도 있으니 조금 일찍 갔다 오면 그 후 다른 여행을 1주일 다녀올 수 있기에 3월 29일부터 7박 8일 일정을 선택하였다.

MSC 크루즈 검색했을 때 몰타에서 출발할 수 있는 것은 당시에는 그리스 산토리니 방향과 내가 선택한 것 2종류가 있었다. 시기에 따라 노선과 일정이 더 다양해진다. 가장 인기 있고 대중적인 게 7박 8일 일정의 이 코스이다. 크루즈가 일주일마다 순환하기에 매주마다 선택할 수가 있으나 성수기로 갈수록 가격이 비싸진다. 비수기에는 싸다. 어떤 한국인 가족은 1월 비수기에 다녀왔는데, 2등급 선실가격이 4월 초 3등급인 우리보다 더 싼 가격으로 다녀왔다. 4등급 발코니 없는 객실은 3등급 발코니 객실의 반 가격이라고 유학원 원장에게 들어 나중에 아영이네에게 추천하였다. 애들 방학이 3월 30일부터 시작하기에 29일 하루만 학교를 빼면 가능하였다. 학교 마지막 날도 수업 대신에 다과회 같은 걸로 해서 부담 없이 빠질 수 있었다. 이 크루즈는 매주 수요일 새벽에 몰타로 들어와 저녁에 바르셀로나로 출발한다. 최종 금액 지불은 한 달 전쯤이 마감기한이었고, 1회 일정 변경이 가능하였다.

몰타(1)-바다(1)-바르셀로나(1)-마르세유(프랑스(1))-제노아(이탈리아(1))-치비타베키아(이탈리아, 로마 인근(1))-팔레르모(이탈리아 시칠리아섬(1))-몰타(1) 이렇게 매주 순환한다. 기항지 어느 곳에서 여정을 시작할 수 있기에 스페인 사람들은 주로 바르셀로나, 프랑스 사람은 마르세유에서 여정을 시작하고 마무리한다.

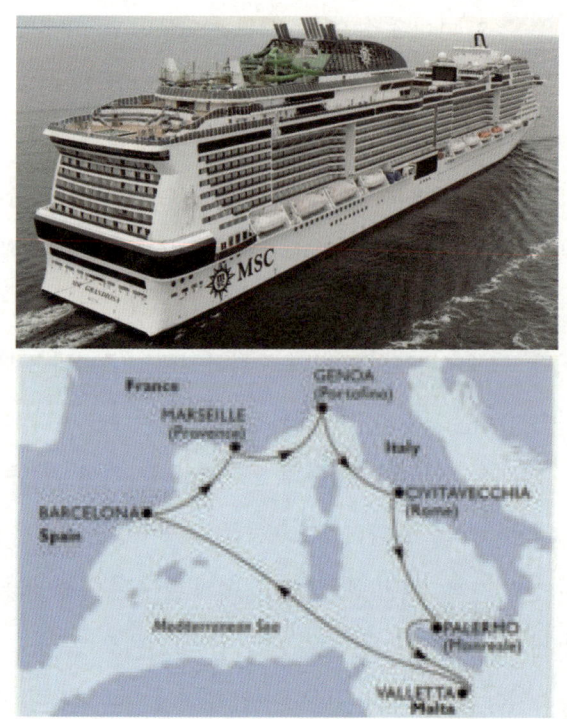

MSC 크루즈 그란디오사 소개

　MSC 크루즈의 최신식 크루즈, 그라디오사호는 2019년 11월 이탈리아에서 운항을 시작한 세계에서 6번째로 큰 초대형 크루즈선으로 최대로 승객을 6,334명까지 수용 가능하며, 전체 길이가 331m에 달한다.

- 총 톤 수: 181,000톤 / 길이: 331.43m / 취항: 2019년 11월 / 승무원: 2,421명
- 부대시설: 대극장, 태양의 서커스, 볼링장, 아쿠아 파크(워터파크),

스포츠 코트, 나이트클럽, 레스토랑 등

데크가 5층에서 19층까지로 메인 수영장 풀을 제외하고도 3개의 풀이 더 있으며 11개의 레스토랑 등 바다 위를 움직이는 5성급 호텔 같은 느낌이 들었다.

여행 가기 전 바다에서 인터넷 연결이 안 되고 신청하면 별도로 돈을 내지만 엄청 느려서 안 쓰는 게 낫다는 조언을 들었다. 크루즈 내 별도의 앱(MSC for Me)이 있는데, 이걸로 크루즈 내 프로그램의 시간 확인과 예약을 할 수 있고, 가족들과 문자를 주고받을 수 있어서 미리 설치하고 승선하였다.

짐도 객실 안에 넣을 수 있을 만큼 많이 넣어도 된다. 저가 항공기처럼 캐리어 수에 따라 돈을 받는 것도 아니고, 기차나 택시를 캐리어를 가지고 이동할 필요도 없다. 객실 안에 여행 시작부터 끝까지 캐리어를 보관할 수 있으니 편했다.

기항지에서 MSC 크루즈의 선착장은 미리 검색하여 구글 맵에 입력시켜 놓았다. 기항지에서 이동 경로를 계획할 수 있다. (순서대로 몰타-바르셀로나-마르세유-제노아-치비타베키아-팔레르모 MSC 크루즈 선착장 위치이다.)

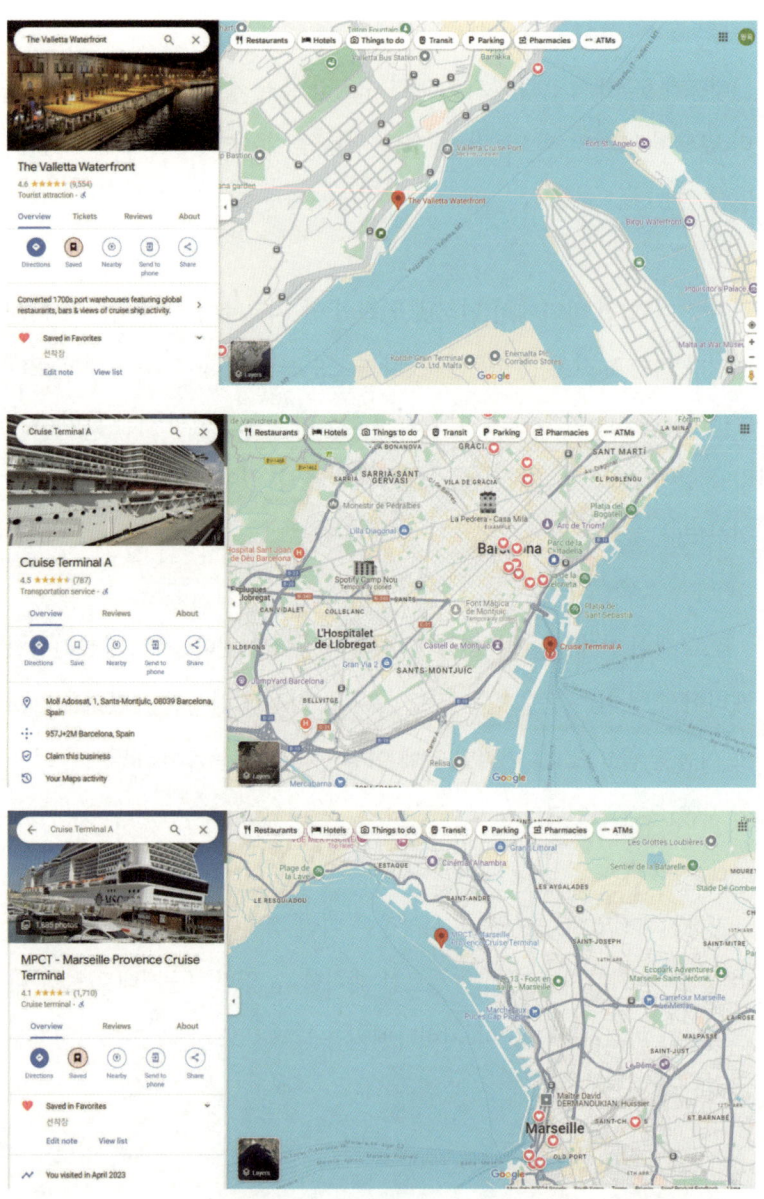

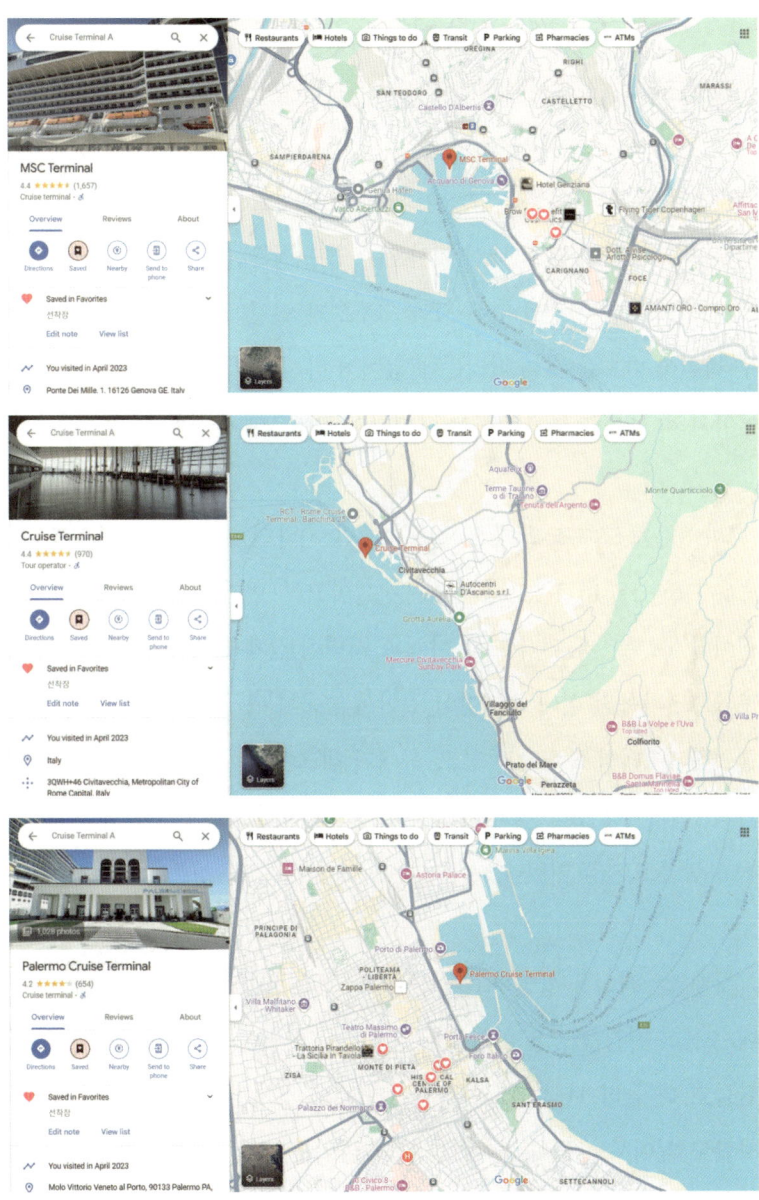

2) 여행지에서

크루즈 내

　10시 30분부터 승선할 수 있어 발레타 Waterfront 여객선터미널로 택시를 타고 도착하였다. 택시 기사도 우리도 정확한 입구를 몰라서 근처에서 내려 커다란 건물 같은 MSC 크루즈가 있길래 타려는데 크루즈 입구 직원이 카드를 보여 달라는데 없어서 다시 동굴 같은 체크인 건물로 돌아와서, 등록을 하고 카드를 수령하여 크루즈에 승선할 수 있었다.

　7박 8일을 크루즈 안에 있으니 며칠만 지나면 크루즈가 익숙해진다. 5, 6, 7층과 15, 16, 18, 19층만 공용시설이고, 나머지 데크는 객실과 조타실이다. 크루즈가 워낙 크니 아침과 저녁에 산책코스로 조깅하는 사람도 있고, 다목적 실내 경기장이 있어서 농구나 축구 경기를 할 수 있다. 헬스장과 2레인 볼링장도 있고, 꼭대기 데크에는 아쿠아파크(워터파크)가 있는데, 4월 초라 약간 쌀쌀해서 우리는 이용하지 않았는데, 이용하는 사람들도 가끔 있었다.

　첫째 날, 객실을 확인하고 점심을 먹으로 뷔페식당으로 갔는데, 식당에서 몰타 전경을 높은 위치에서 조망할 수 있었다. 점심을 먹기 전에 사람들도 다 몰타 관광하러 나가서인지 실내 경기장에서 축구공도 있고, 사람도 없어서 아들이 좋아하는 축구 놀이를 조금 하였다. 아들이 축구를 더 오래 하고 싶어 했는데, 다음에 다시 하고 크루즈를 돌아보자고 했다. 하지만 그 당시 이후로 이용하는 사람들이 많아졌고, 개인적으로 이용할 수 있는 시간도 정해져 있어 제대로 이용할 수 없었다.

　객실은 더블베드 하나와 소파를 2층 침대로 변형이 가능하게 되어 있었다. 공간이 그렇게 넓지 않았지만, 발코니도 있고, 객실에서 보내는 시간은 얼마 되지 않았기에 지내는 동안 불편하게 느낀 적은 없었다. 청소는 하루에 아침, 저녁으로 두 번을 해 주었기에 항상 깔끔한 상태로 유지되었다.

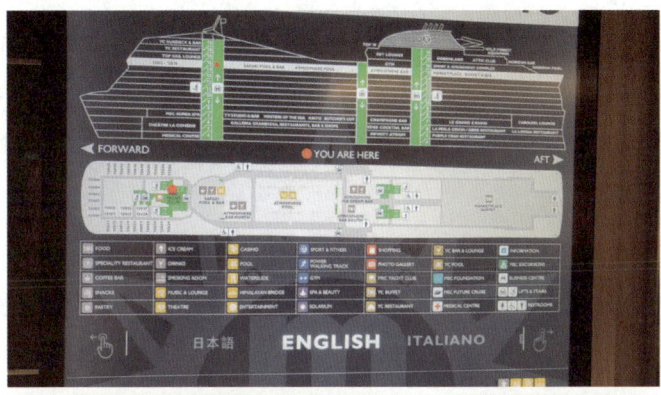

6층 갤러리아와 내부의 7층으로 이어진 계단 쪽은 화려하였고, 크루즈 내부는 대부분 깔끔하고 시설 상태가 좋았다. 6층 갤러리아 천장에 설치된 대형 LED는 정말 화려했는데, 이런 기술이 어느 나라에서 구현 가능할까 궁금했는데, 나중에 알아보니 삼성전자에서 공급하였다.

　　뷔페는 늘 먹을 수 있는 것이 풍성하였다. 애들도 먹을 게 많으니 알아서 잘 골라 먹었다. 뷔페 외 정찬을 다른 레스토랑 두 군데에서 먹을 수 있는데, 한 번씩 이용하였다. 음식 수에 상관없이 마음껏 주문할 수 있는데, 음식을 눈으로 고를 수 있는 뷔페가 우리에게 맞았다. 음료 패키지는 구매하지 않아서 와인과 맥주를 때때로 시켜 먹었다. 레스토랑 이용 시 드레스 코드가 있는데, 이를 위해 미리 옷을 승선 전에 준비해 가는 게 좋다. 엘레강스라든지 복고풍 옷이라든지 그런 걸 드레스 코드로 준다. 굳이 드레스 코드에 맞추지 않아도 입장은 가능하다. 뷔페에서 식사 시간이 아니더라고 햄버거나 간식 같은 것을 제공하였다.

　수영장은 주로 실내 수영장인 사파리 풀을 이용하였다. 천장은 창으로 되어 있어 햇빛을 받아서인지 물이 차갑지 않고 미지근하였다. 옆의 창가 좌석에서 음식을 먹는 사람들을 봤는데, 바에서 유로로 시켜 먹거나 뷔페에서 무료로 음식을 가져와서 먹을 수 있었다. 사파리 풀 옆에 실내 자쿠지가 있어서 한 번씩 이용하였다. 실외 수영장 옆에도 자쿠지가 있는데, 지중해 바다 크루즈 위에서 수영복을 입고 자쿠지에 몸을 담그고 바다 배경으로 온수풀을 즐기며 사진을 찍으니 천상의 맛이었다. 실외 수영장은 물이 깊고(1.7~2m) 실외라 바깥 공기도 차가워 우리는 이용하지 않았으나, 유럽인들은 주로 선베드에서 쉬며 가끔씩 수영하며 선탠을 즐겼다.

　객실 발코니는 수영복 말릴 때에 주로 이용하였고, 자주 나가 보지 않았지만, 마지막 날 밤에 우연히 나가 보았는데 별빛이 빛났고, 바다가 크루즈 조명을 받아 영롱하게 빛나는 아름다운 밤을 연출하였다. 진작 애들과 나와 보지 않았던 게 후회되었다.

5, 6층에 대극장이 자리하고 있는데, 945석이나 되는 큰 규모로 매일 밤 색다른 무료 공연이 열린다. 아내와 아이들과 함께 시간이 가능할 때마다 와서 보았는데 연일 만석이었고, 무료 공연치고는 꽤 괜찮았다.

7층에 자리한 스포츠 바에서 3일 밤에 손흥민 축구 경기 중계 관람을 아들과 하였는데, 아들이 보통 9시에서 10시에 자는데 경기가 10시에 해서 볼 수 있겠냐고 물었는데, 보겠다고 해서 아들은 음료수를 시키고 난 맥주 한잔에 경기중계를 같이 관람하였다. 크루즈 내에서도 한국 선수 손흥민이 나오는 EPL 중계를 아들과 볼 수 있어서 말할 수 없이 행복하였다.

　크루즈 내 프로그램 중 무료 댄스 강좌가 있다. 아내는 원래 결혼 전 댄스 동호회에서 활동할 정도로 댄스 배우는 걸 좋아했다. 이런 강좌가 있으니 참여는 필수이다. 나랑 아들은 처음에 조금 해 보다 취향에 안 맞아 자리에 앉았고, 딸은 엄마처럼 동작을 따라 배우는 것이다. 우리 딸은 엄마를 많이 닮았다.

애들을 10시쯤 재우니 선실에 누구 하나는 있어야 했다. 아직 애들만 놓고 자라고 하기에는 애들이 아직 어리다. 하루는 내가 애들 재울 동안 아내는 좀 더 크루즈 내를 탐험하였는데, 밤 11시쯤에 6층에서 클럽 분위기를 연출한다며 가 보자고 했다. 처음에는 애들이 자다가 깰까 봐 30분 간격으로 객실을 갔다 왔다 하였는데 이틀을 밤에 클럽에 가 봤는데 애들이 중간에 깨서 엄마, 아빠를 찾은 적은 없었다. 밤중에 그렇게 크게 음악을 틀어 놓고 춤추며 다들 놀아도 객실에는 소음이 하나도 들리지 않았다. 방음 시설이 굉장히 훌륭하였다.

아내랑 클럽 시간 이전에 도착하여 먼저 맥주 한잔을 하며 분위기를 보았다. 직원들이 시간이 되자 작은 무대를 만들어 춤을 추며 분위기를 조성하였다. 남녀노소 구분 없이 많은 사람들이 6층 데크를 꽉 메웠다. 할아버지, 할머니들도 나와 춤을 추며 즐겼다. 아내는 정말 오랜만에 젊은 시절로 돌아간 것처럼 신나게 춤추며 놀았다. 나도 적당히 따라 추며 분위기를 맞추었는데, 아내가 지치기만을 기다려야만 했다. 춤추러 간 첫날은 새벽 2시쯤 객실로 돌아왔다. 둘째 날은 12시 쯤… 정말 아내랑 신나고 즐겁고, 기억에 두고두고 기억에 남을 밤을 보냈다.

크루즈가 제공하는 많은 프로그램이 있는데, 그중 솔로들끼리 온 사람들끼리 모임을 주선하여 같이 어울리게 만든 프로그램도 있었다.

3) 기항지 여행

바로셀로나

　바로셀로나는 5개월 전에 4박을 하여 웬만큼 다 보았다. 그때 3박 일정으로 하고 이번에 볼 것을 남겨 두었으면 더 좋았을 뻔했다. 그래도 지난번 여행에서 아쉬웠던 게 바르셀로나 야경을 벙커나 몬주익에서 제대로 보지 못한 것이었다. 크루즈에서 하선 시간에 맞춰 아침부터 줄서서 내리지 않고, 시간 나는 대로 여유 있게 내리자고 약속하였기에 조식을 여유 있게 먹고 나왔다.

　택시를 타고 바르셀로나 시내 전망을 보러 가까이에 있는 몬주익성으로 갔다. 우리가 타고 온 크루즈가 워낙 크니 몬주익 언덕에서 항구 방향의 크루즈 배경으로 사진을 찍을 수 있었다. 사방으로 바르셀로나 전망이 탁 트여 보였다. 멀리 사그리다 파밀리아 성당을 배경으로 사진을 찍고 몬주익성을 둘러보았다. 몬주익 꼭대기에 있는 성은 17세기에 지어진 것으로 감옥, 무기고 등으로 사용되다가 현재는 군사 박물관으로 사용되고 있다. 바르셀로나 시내 전경과 지중해를 한눈에 바라볼 수 있다.

기항지에서의 여행을 세부적으로 준비하지 않아서 몬주익 언덕에서

어디로 갈 계획이 없었다. 급히 검색한 결과 어느 블로그에 분수쇼를 12시에 한다는 정보를 보고 시간이 얼마 안 남아 아내보고 걸어서 20여 분 거리라며 급히 가 보자고 서둘렀다. 아들 손을 잡고 발걸음을 빨리 옮기는데 아내는 연신 투덜대었다. 공원을 여유 있게 둘러보자고 하는데, 난 3대 분수 쇼며 여기 온 김에 한번 보고 싶었다. 카탈루냐 미술관 앞에 도착하니 분수 쇼는커녕 분수도 내뿜지 않고 있었다. 빨리 걸어올 때부터 아내 눈치가 엄청 보였는데, 분수 쇼도 못 보면 아내한테 엄청 구박받을 것으로 예상했는데, 그 예상이 들어맞았다. 1시간 동안 카탈루냐 미술관 앞에서 각자 앉아서 도시 뷰를 보며 쉬었다. 아내 화를 식히는데 걸리는 시간과 동일하였다. 이후 카탈루냐 광장 및 분수 방향으로 사진을 찍었다.

카탈루냐 광장에서 우버를 잡았는데, 우버 기사와 영어로 소통이 안 되어 한참을 헤매다 택시를 타고 점심 먹으러 이전에 좋아했던 타바스 식당인 시우다드 콘달로 갔다. 역시나 꿀대구는 입에서 녹았고, 추러스는 애들이 초콜렛에 잘 찍어 먹었고, 바게트 위에 고기가 나오는 타바스, 부드러운 감자튀김이랑 깨란을 섞은 타바스 또한 일품이었다. 아내와 난 맥주에 곁들여 먹으니 천국이 따로 없는 맛이었다. 바로셀로나에서 이 집만 3번째이다. 갈 때마다 후회가 없었다.

시간이 애매하여 람블라스 거리를 돌아보며 다시 택시를 타고 크루즈로 돌아왔다. 크루즈 내에서 시간을 보낸 후 저녁 6시에 크루즈 뒤편에서 떠나가는 바로셀로나를 뒤로 하며 언제 다시 여기 와 보겠냐고 마지막 작별 인사를 바로셀로나에게 건넸다.

마르세유

아침을 먹고 크루즈에서 나오자 사람들이 우르르 나가는 게 보였다. 마르세유에서는 프리셔틀이 있다고 알고 있어서 15분 걸어 나오니 프리셔틀 승차장이 나타났다. 30분 정도 기다린 후 셔틀을 타고 중심부로 들어섰다. 다시 볼트를 불러 노트르담 성당으로 갔다. 노트르담 드 라 가

　르드 성당은 근처에서 제일 높은 곳으로 도시 전체가 거의 내려다보이고, 언덕에서 풍경만 내려다보아도 마르세유를 모두 여행했다고 할 만큼 전망이 최고 뷰이다. 시야를 옆으로 돌리면 코발트 빛 지중해도 아름답게 보인다.

　1시간 정도를 둘러본 뒤 정류장에 버스가 정차되어 있기에 버스를 타고 구 항구 쪽을 통해 생장 요새와 지중해 문명 박물관을 둘러보았다. 구 시가지로 걸어가서 여기저기 둘러보았다. 아내가 마음에 들어 했다. 유명한 비누가게(72% Petanque-Philippe Chaill67oux)가 있다 해서 들렀는데, 마침 문을 닫고 있었다. 점심을 먹을까 하였는데, 크루즈 가면 공짜인데 돈 쓸 필요 없이 더 둘러볼 것도 없어서 그냥 돌아가자고 했다. 걸어서 정류장까지 간 후 1시 30분 셔틀버스를 타고 크루즈로 돌아와 뷔페식당에서 점심을 먹었다.

마르세유는 파리, 리옹 다음의 프랑스 3번째로 역사도 오래된 도시이다. 하지만 노트르담 성당에서의 뷰는 정말 멋졌는데, 유럽의 여러 가지 좋은 것들을 너무 많이 본 우리에게 요새와 박물관은 그냥 그랬다.

제노아

애초에 제노아에서 크게 볼거리가 없다는 것을 알고 있었다. 그래서 밀라노까지 편도 2시간 넘게 다녀오거나 90분 거리의 친퀘 테레를 볼 수 있는 옵션도 있다. 밀라노는 한번 다녀왔고, 친퀘 테레는 나중에 가 보려고 하는 이탈리아 남부 포지타노의 1/10 수준이라 해서, 크루즈에서 즐길 거리도 많고 경비도 절약하고 싶어서 아내는 아이들과 크루즈에서 시간을 보내기로 했다.

나는 그래도 온 김에 시내 구경을 하러 혼자 나갔다. 걸어서 돌아볼 수 있기에 간단한 소지품만 챙기고 나섰다. 제노아 대성당, Doge's Palace 와 콜럼버스의 생가, 항구 등을 둘러보고 왔다. 길거리는 약간 칙칙한 느낌이었다.

돌아오는 길에 항구 입구에서 여권검사를 하였다. 크루즈 카드만 있으면 된다고 알고 있었는데, 크루즈 카드를 내밀어도 여권을 보여 달라 하였다. 아차 하였다. 크루즈에 놔두고 와서 지금 가지고 있는 것은 휴대폰에 찍어 놓은 여권 사진밖에 없어서 그걸 보여 주었더니 통과시켜 주었다. 휴~ 다행이었다. 다른 기항지에서는 여권이 필요 없었는데, 제노아에서만 여권 검사를 하였다.

로마

로마에서 가장 가까운 항구는 오스티아라고 알고 있었는데 왜 여기서 기항하지 않는지 의문이었다. 예전에 로마인 이야기에서 읽은 적이 있었는데, 오스티아 항구에서 테베레 강으로 물건들을 운반한 걸로 기억하는데, 오스티아 항은 지금은 항구로서 기능을 잃었다고 한다. 치비타베키아 역에서 로마 테르미니 역까지 기차로 40분이면 간다. 치비타베키아에 도착하자 아침을 먹고 오늘은 조금 서둘렀다. 로마는 애들에게 보여 줄 것들이 많아서 아침 일찍 서둘기로 했다. 유료(인당 6유로정도) 셔틀버스를 타고 치비타베키아 역에 도착하였다. 역 안 기계에서 줄 서지 않고 표를 구매할 수 있었다. 급행은 40분, 완행은 65분 정도 소요되어 얼마차이 안 나서 우리는 가성비 좋은 완행으로 발권하였다. (급행 성인 16유로, 어린이 10유로, 완행 성인 4.6유로, 어린이(4-11세) 50% 할인)

11시 전에 로마 테르미니역에 도착하여 마트에서 생수를 구매한 후 콜로세움으로 걸었다. 20여 분 걸으니 도착하였다. 여름 성수기도 아닌데 콜로세움에 사람들이 굉장히 많았다. 콜로세움 내부 투어를 보기 위하여 엄청나게 긴 줄을 서고 있었다. 아내가 갑자기 예전에 로마 방문한 적은 있지만 콜로세움 내부를 보지 못했다며 줄 서서 보고 가자고 하였다. 계획에 없던 것이었는데, 1시간도 더 긴 줄을 어떻게 기다리냐고…. 싸우기 싫어 같이 기다리고 있으니 호객꾼인 듯 보이는 사람이 다가와 거기는 단체 관광객 줄이라는 것이다. 현장 줄은 매진되었다 하고 인터넷에서도 당일 판매가 마감되어 단체 관광객만 들어갈 수 있다고 했다. 게다가 영어로 설명하는 투어는 다 마감되어 들어가려면 다른 나라 언어로 설명하는 투어로 가서 입장하라는 것이다. 로마 같은 인기 관광지에서 비수기에도 미리 예약을 하지 않으면 우리처럼 현장에서 발을 동동 구르게 된다. 한인 커플이 보여 입장권 구했냐고 물어보니 여기 오는 게 엄청 힘들기에 비싼 돈 주고 투어 티켓 구매하였다고 한다. 가이드 투어 호객하는 외국인들이 엄청 많았다. 인당 45유로 이상씩 불렀다. 30분 가량을 눈치 보며 여기저기 알아보던 아내는 그냥 포기하고 다른 데 가자고 했다.

15년 전에 포로 로마노를 한인 가이드 투어한 적이 있어 그쪽으로 발걸음을 옮겼는데, 여기도 마찬가지로 입장권이 필요하였다. 가볍게 포기하고 로마에서 흔하디흔한 개선문(콘스탄티누스 개선문) 앞에서 사진 찍고 발걸음을 옮겼다.

　로마 시대 대전차 경기장 터를 지나 로마의 휴일 영화를 통해 잘 알려진 입에 손을 넣고 거짓말을 하면 입을 닫아 손목을 잘라 버린다는 전설이 있는 진실의 입에서 사진을 찍었다. 한국 단체 관광객들도 차에서 갑자기 들어와 줄을 서서 사진을 찍었다. 한국 가이드가 설명을 줄줄줄 하는데 몰래 들으려고 하니 말소리를 죽이며 투어 참석자에게 이어폰을 끼라며 마이크에 대고 조용히 얘기하였다. 가이드 신청할 걸 후회했는데, 좀 더 생각해 보니 우리 시간을 확정하지 못하니 어쩔 수 없었다며 스스로를 위로하며 발걸음을 옮겼다.

파리나 로마는 걸어 다니다 보면 온갖 유물들을 지나칠 수 있다. 지나가는 길에 갖가지 돌덩어리와 오래된 건물들이 많다. 다 찾아보기 귀찮을 정도다. 이럴 때 필요한 게 투어인데…. 주요 유물들 위주로 사진 찍고 무엇인지 알아보았다. 뜨레비 분수 가는 길에 배가 고파 돌아가는 기차 시간을 고려할 때 시간이 부족하여 식당에서 피자를 급히 시켜 먹었다.

판테온 신전을 지나 유명한 트레비 분수에 도착했다. 트레비 분수 앞에 엄청나게 많은 사람들이 있었다. 이런 곳에는 필히 소매치기범들이 많이 있다. 가족들에게 주의를 시키고 사람들 틈 사이로 비집고 들어가 사진을 찍었다. 너무나 아름다워 떠나기 싫었고 눈을 떼기가 힘들었지만, 소매치기가 심하게 우려되어 20분을 채 못 있고 나왔다. 15년 전에도 소매치기가 두려워 30분을 못 있고 나왔던 기억이 있다. 8년 전에 아내와 함께 왔을 때에는 수리 중이라 막아 놓고 있어서 보지 못했다.

트레비 분수 인근에는 젤라또 가게가 많이 있다. 적당한 곳에 들러 젤라또를 애들과 함께 나눠 먹으며 기차역으로 향했다. 택시 부르려다 귀찮아 25분 정도 거리라 걸어갔다. 3시쯤 로마에서 기차를 타고 4시 20분 쯤 치비타베키아역에 도착하여 유료 셔틀을 타고 무사히 크루즈로 귀환하였다. 18시에 크루즈가 출항하였다.

팔레르모

몰타에 처음 왔을 때 첫 여행지로 시칠리아를 꼽았다. 가까이에 있고, 배로도 2시간가량 거리이고, 비행기로 1시간 거리이기에 싸게 다녀올 수 있다. 한국 사람들이 올린 블로그를 살펴보니 어떤 사람들은 시칠리아 1주일 여행하다가 매력에 빠져서 1년 살이 하는 사람도 있을 정도로 특유의 매력이 있다. 그 매력이란 순박한 이탈리아 시골 사람의 친절함과 싼 물가를 들었다. 시칠리아만 5박 정도 하고 싶었는데, 크루즈 기항지 여행으로 약간 대신하는 느낌이었다.

조식을 배불리 먹고 천천히 나섰다. 팔레르모 관광지는 크게 기대하지 않았다. 주요 관광지인 팔레르모 대성당과 부치리아 시장 등 현지 시장을 둘러보고 도보로 거리를 돌아볼 예정이었다. 크루즈 정박지에서 목적지는 왼쪽 방향으로 있지만 오른쪽 방향으로 10분 정도 돌아서 나가야 한다. 크루즈 보안 구역으로 나와 택시와 마차 투어 삐끼들을 물리치고 20~30분가량 걸었는데, 갑자기 소나기가 쏟아져 건물 아래에서 40분가량 대기하였다. 옆에 여행 온 유럽의 한 가족도 같이 대기하여 스몰토크를 주고받았다.

스페인 여행에서 만난 교수님네가 추천해 준 싸고 맛있다는 식당으로 향하는 길에 마주치는 구시가지는 영화 대부의 배경답게 그 영화를 회상시켰다. 추천받았던 Trattoria Al Ferro di Cavallo 식당은 사람들은 많았지만, 우리 입맛에는 별로였다. 백종원이 추천한 맛집으로 갈 걸 후회되었다. 하지만 시장 물가는 정말 쌌다. Ballaro 시장에서 오렌지 3개를 갈아서 즉석에서 만든 오렌지 주스가 1유로였다. 맛도 정말 상큼하였다.

팔레르모 대성당과 꽈뜨로 깐띠를 돌아보고 그 주변에서 아내는 기념품으로 물건이 정말 싸다며 친구들 줄 선물로 앞치마를 구매하고 크루즈로 걸어서 돌아왔다.

4) 감상

크루즈 여행을 시작하기 전부터 이 여행에 대하여 주변의 외국인들 반응이 이전과 사뭇 달랐다. 예전에 핀란드 오로라 여행, 스페인, 포르투갈, 북부 이탈리아 여행 간다고 했을 때 주변의 유럽 사람들 반응은 크게 관심이 없었다. 하지만 크루즈 여행 간다고 하니 다들 비용이 얼마이며, 일정은 어떻게 되고 이것저것 물어보았다. 다녀온 이후에도 어땠었냐며 보자마자 묻기도 하였다. 다미안 엄마도 학원의 지나 선생님도 가기 전과 이후에 관심을 많이 나타내었다. 아들도 담임 선생님이 여기 여행 와서 크루즈 여행을 가고 또 기항지 여행을 하냐며 여행의 여행의 여행을 한다며 부러워했다는 것이다.

우리 부부 또한 여행경비 대비 만족도가 매우 높았으며 새로운 타입의 여행이었다. 숙소와 식사가 크루즈 내에서 해결되었고, 이동 시 편안했으며 크루즈 내에서도 즐길 것이 너무 많았다. 키즈 클럽, 게임, 볼링장, 실내 체육관, 수영장, 워터파크, 조깅 코스, 헬스장, 클럽, 펍, 무료 공연, 댄스 강연뿐만 아니라 시간에 구애받지 않는 뷔페식당 등 먹고, 마시고, 즐길 거리가 너무 많아 일주일이 크루즈 내에서 정말 금방 갔다. 특히나 아내가 많이 만족해해서 뿌듯하였다. 다녀온 후 주변 사람들에게 강추하였다.

기항지 여행은 크루즈 여행에서 덤이라고 느껴졌다. 크루즈 여행 뒤에 파리, 런던 여행이 잡혀져 있어서 기항지에 대한 여행 준비는 다소 소홀하였다. 기항지 여행 준비도 잘했다면 200% 만족할 수 있는 여행이었다는 생각이 든다. 로마나 바르셀로나 기항지에서는 시간을 더 준다. 보통 17시에 항구를 출발하는데, 바르셀로나에서 18시에 출발하였고, 로마에서는 아침 7시에 도착, 저녁 18시에 출발하여 인기 관광지에서는 여행할 시간을 좀 더 주는 듯했다.

다녀온 후 아내랑 크루즈 내에서 할머니, 할아버지 연배의 분들도 많이 보고 가족 단위 여행객들도 많이 봐서 부모님 모시고 오자고 얘기했었다. 주변에 많이 추천하니 한 후배가 부모님과 형제 가족과 함께 한국에서 싱가폴 쪽의 크루즈 여행을 바로 예약하였다고 들었다. 나도 시간이 되면 한 번 더 부모님 모시고 싱카폴 크루즈를 다녀올 생각이다. 은퇴 이후에는 아내와 함께 세계 일주 크루즈라는 거대한 목표도 세우고 있다.

3. 노르웨이 피요로드 정복(작전명: 북극의 곰)

23. 6. 12~6. 19(7박 8일, 1인, 동행)

비행기	450,000
숙소	400,000
렌터카, 톨비	300,000
식비, 잡비, 주유 등	550,000
총합	1,700,000

노르웨이 여정 지도(아래쪽에서 노란색은 숙소, 빨간색이 머문 곳이다)

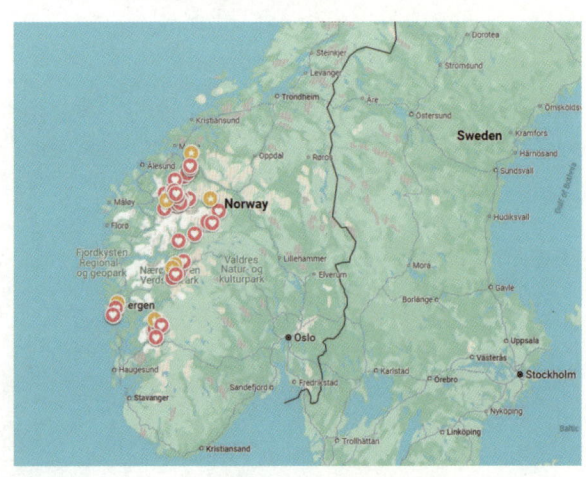

노르웨이 7박 8일 정복

일차	날짜	주요 일정	소요시간	줄길거리	비고
1	6.12(월)	17시 베르겐 In, 펜티카 대여			저녁 장(아시안 마트&SPAR, 소고기, 연어 굿), 환전 불필요 하다할
		이동->오따	3Hr	Latefossen waterfall 쌍둥이 폭포 감상	등산화, 돌대 대여
		숙박(오따, Blue House), 숙소 인근 공용주차장 이용			
2	6.13(화)	06:30분 트롤퉁가 동반(6시 숙소 출발)	7-10Hr	P3에서 편도 10.1km, 주차장 06:30-11입장(통행료200NOK)	주차장P3(주차료7만원*), 06:30-11시 입장가능
		17시 이동->롤롬	3Hr		*Late checkin 문의
		숙박(롤롬, Brekke Apartments, 20시까지 Check-in)			
3	6.14(수)	10시 이동->갈회피겐산	6.5Hr	하이킹 코스 10개(C 코스 Best), 베켄 폭포 감상 55번 도로, 룰롬 243번 국도 굿, 스테가스타인 전망대, 니가즈브린 빙하 하이킹(150분)	
		엑티비티			
		숙박(Fjelleventyret gardsovernating, 22시까지 Checkin)			
4	6.15(목)	11시 이동(->은달스네스)	4.1Hr	얼음동굴, 레스토랑, 가이드 투어 등 63번 도로 드라이빙 중 Grotli, Dalsnibba, Geiranger 전망대. Flydalsjuvet& o/mesvingen 전망대, 트롤스팅엔(Trollstigen) 이동코스: NSR Gamle Strynefjellsveg > Jol Bru (유턴) > NSR Geiranger – Trollstigen(Sogge Bru) > Andalsnes	호텔조식
		엑티비티			
		숙박(은달스네스, Trollstigen Resort, 22시까지)			
5	6.16(금)	10시 이동->엘레쉴트	1Hr40M	게리람에르에서 차 싣고 페리 이동 7지점 폭포 감상 (페리 현장구매, 우측 시간표 참조, 16만원정도) 페리시간 포함하면 총 4Hr 소요	음산)게이랑에르 258번 국도 굿
		엘레쉴트->로엔(Loen)	1.5Hr		
		숙박(로엔, Sande Camping)		캠핑	
6	6.17(토)	엑티비티		로벤트네트 호수감상, 호벤산 등반(케이블카 가능), 정상에서 피요드 감상	
		14시 이동->룰롬	3.5Hr		
		숙박(룰롬, Winjum Cabin Aurland Stegastein, 20시까지)			
7	6.18(일)	엑티비티		효스폭포 관광, 산악열차(<->뮈르달 1Hr 소요), 하이킹 코스 10개(C 코스 Best), 베켄 폭포 감상	페리로 이동 가능(5Hr)
		16시 이동->베르겐	2.5Hr		공항 연근
		숙박(베르겐, Midttun Motell & Camping AS, 23시까지)			
8	6.19(월)	렌터카 반납, Out		마트에서 음식 구매, Narvesen 편의점 핫도그 등, 보온병, 도시락통 준비 우비 준비, 눈, 비 있음	

노르웨이 일정(첨부)

1) 여행준비

몰타에 오기 전부터 노르웨이 피요로드를 꼭 가 봐야 할 곳 List에 올려 놓았다. 핀란드 갈 때 같이 가려고 했었지만, 오로라는 겨울철에 가야 하고, 반면 노르웨이 피요로드는 여름철이 성수기이다. 둘을 한번에 가는 것은 애초에 불가능하였다. 그래서 노르웨이 피요로드는 포기했었는데, 한 번씩 주변 사람들에게 가 보고 싶은 곳인데 못 가게 되었다고 얘기하였더니, 학원 선생님도 노르웨이는 꼭 가 보라고 추천하였다. 또한 스페인 여행지에서 만난 교수님도 스위스 알프스가 사진 찍으면 엽서 같고 예쁜데, 스코틀랜드 하이랜드를 갔더니 스위스보다 훨씬 좋고 노르웨이 피요로드를 봤더니 스코틀랜드는 저리 가라였다며 엄청 훌륭한 관광지라 추천하여 노르웨이를 여행 목록에 다시 넣었다.

겨울부터 몰타에서 교류하던 한국 아빠들에게 '여름에 노르웨이 같이 갈래요?'라고 물었더니 다들 가고 싶다고 하더니 막상 여름이 다가오니 다들 아내 눈치와 여행 우선순위에서 밀려났다며 꼬랑지를 내렸다. 하는 수 없이 유랑 카페와 몰타 내 최대 카페인 몰타 스토리에 동행을 구한다는 글을 올렸다. 혼자서 오랜 시간 드라이빙을 해야 하고, 때때로 낯선 여행지에서 혼자 헤매기 싫어서 동행이 안 구해지면 안 갈 생각이었다. 유랑 카페에 비슷한 시기에 동행을 구한다는 글이 올라 있어서 댓글을 달았더니 이미 인원이 차서 모집이 끝났다고 했다. 한국에서 출발하려고 하니 최소한 3, 4개월 전에 계획하고 글을 올려서 구한 모양이었다. 나처럼 한 달 전에 유럽 여행을 계획하는 사람은 유럽에 거주하는 사람들만 가능한 일이었다.

5월 4일에 유랑 카페와 몰타 스토리에 글을 올렸는데, 솔직히 몰타 스토리 내에 회원 수는 12,000명 정도인데, 2백만 명 가량의 유랑 카페에 비하면 200배 정도나 차이가 난다. 그래서 몰스에는 기대가 없었지만, 혹시나 해서 올렸다. 노르웨이 여행을 가라는 신의 뜻인지 며칠 지나지 않아 몰타에 혼자 연수하러 온 여성 2분이 같이 가겠다고 신청하여 좋은 분들과 함께 노르웨이 여정에 오르게 되었다.

첫 만남에서 차 한잔을 하며 서로에 대한 소개를 간략히 나누며 인연을 반가워했다. 한 분은 50대 미혼 여성인데, 개인사업을 하다 잠시 접고 쉴 겸 영어 배우며 유럽 여행하러 왔다고 했다. 자연과 걷는 걸 좋아하고 한국에서도 등산을 자주 했었다 한다. 다른 분은 30대이고 지리전공 여교사이신데, 올해 학교에서 올해 쉬어서 3달가량을 생각하고 몰타에 왔다가 자연을 너무 사랑하기에 신청했다고 했다. 만난 당일에 비행기 티켓을 바로 예매하였다.

몰타에서 직항은 없고, 갈 때는 덴마크 빌룬을 거치고, 올 때는 폴란드 크라쿠프와 이탈리아 밀란을 거쳐서 돌아오는 여정이다. 돌아올 때 크라쿠프에서 45분 경유시간, 밀란에서 65분밖에 안 되는 경유 시간이 짧아서 걱정하였지만, 기우에 불과하였고, 공항에서 서둘러 움직였더니 충분히 비행기를 탈 수 있었다. 우리는 애초에 피요로드 등 자연에 중점을 두었기에 수도인 오슬로를 거치지 않고 제2의 도시인 베르겐으로 In, Out을 잡았다.

그 후 개략적인 여행 일정을 세웠다. 구글 맵에서 운전 거리가 최단 거리로 잡는 것을 알고 있었지만, 그걸 바탕으로 하루에 4시간을 넘게 운전하지 않게 숙박지를 잡았다. 또한 어느 유튜브 동영상에서 보았던 노르웨이에서 즐겨야 할 것들을 중심으로 일정을 수립하였다. 3대 트레킹 코스(쉐락볼튼, 프레케스톨렌 및 트롤퉁가) 중 제일 험난하지만, 첫 번째로 추천하는 트롤퉁가(트롤의 혀) 등반을 넣고, 플롬 산악열차와 3개의 피요로드 구경, 유람선, NTR(National Tourist Route) 드라이빙(55번 63번 도로) 등을 포함하였다.

5일 뒤 두 번째 만남에서 개략적인 일정을 바탕으로 숙소를 예약하였다. 부킹닷컴에서 일정의 숙박지를 중심으로 싸고 평점이 높은 곳 위주로 선정하였다. 3일차에 인터넷 서칭 중 한 블러거가 강력 추천한 갈회피겐산 내 숙박지(Galdøhpiggen Summer ski center)에서 숙박하려 했는데, 그곳은 벌써 마감되어서 대체지로 딴 곳을 정했는데, 그곳에서 처음으로 바비큐를 해 먹었다. 숙소비를 아끼려고 하니 3인이 혼숙을 하게 된 경우도 있었다. 내가 방 하나만 예약하는 것을 보고 '혼숙이잖아요.'라고 했더니, '유럽에서는 다들 그렇게 하더라.' 하면서 여자들이 먼저 개의치 않았다.

　그 이후 세부적인 일정을 넣어 노르웨이 일정(작전명: 북극의 곰)을 완성하였다. 주로 즐길 거리와 공항 도착 후 첫 숙소 가는 경로에 있는 아시안 마트와 현지 마트를 찾아서 쇼핑할 수 있게 하였다. 요리를 할 줄 아는 여자분 덕분에 여행 내내 한식으로 먹을 수 있었고, 식사 비용을 절약할 수 있었다. 노르웨이가 물가가 비싸다고 해서 처음에는 약간 겁을 먹었는데, 일단 숙소비가 저렴하다고 인터넷에서 봐서 부킹닷컴에서 확인하니 서유럽보다 저렴하게 구할 수 있었다. 그리고 레스토랑에서 사 먹으면 비싼데, 아시안 마트와 현지 마트에서 사서 해 먹으니 여행비용을 엄청 절약할 수 있었다.

　렌터카의 주유비 또한 노르웨이는 산유국이지만 한국보다 기름값이 비싼 느낌이었다. L당 2,500원을 웃돈다. 렌터카는 허츠에서 대여하였는데, 처음에 허츠 홈페이지에서 예약하였다가 유랑 카페에서 이것저것 알아보았더니 대한항공이나 아시아나 회원이면 로그인해서 그곳을 통하여 예약하면 좀 더 싸고 서비스가 추가되는 것을 알 수 있었다. 대한항공에 들어가서 예매하였더니 Super CDW(Collision Damage Waiver, 수퍼 자차보험, 노르웨이에서는 사고 시 Full 커버 자차를 제공하지 않음, 대신 세미 풀커버인 SCDW 추천)과 운전자 추가되고도 2, 3만 원 정도 더 싼 가격으로 예매할 수 있었다. 그리고 허츠 골든 회원에 가입하면 비용은 무료이고 혜택이 많아 가입하였다. 이전에 이탈리아 돌로미티 여행 시 몰라서 미리 가입하지 않은 걸 후회하였다.

렌터카 반납 일주일 후 페리 비용과 톨비 등 총 8만 원 정도 추가된 영수증을 받았다. 렌트카로 여행 시 페리와 톨게이트에서 자동적으로 렌터카 넘버를 인식하여 계산되는 시스템이었다.

또한 트롤퉁가 등반시 주차장 P3(꼭대기)를 미리 예약하였다. 12일 전에 알아서 가까스로 오전에 예약하였는데, 오후에 다시 들어가 보니 예약이 꽉 찼다. 참고로 P3 주차장은 선착순으로 30대만 주차할 수 있다. 비용은 600크로네(약 75,000원)였다.

또한 주요 NTR 도로에서 View Point 중심으로 63번 도로와 55번 도로에 구글 맵에 표시를 해 두어 나중에 운전 중 쉽게 찾아갈 수 있게 해 놓았다.

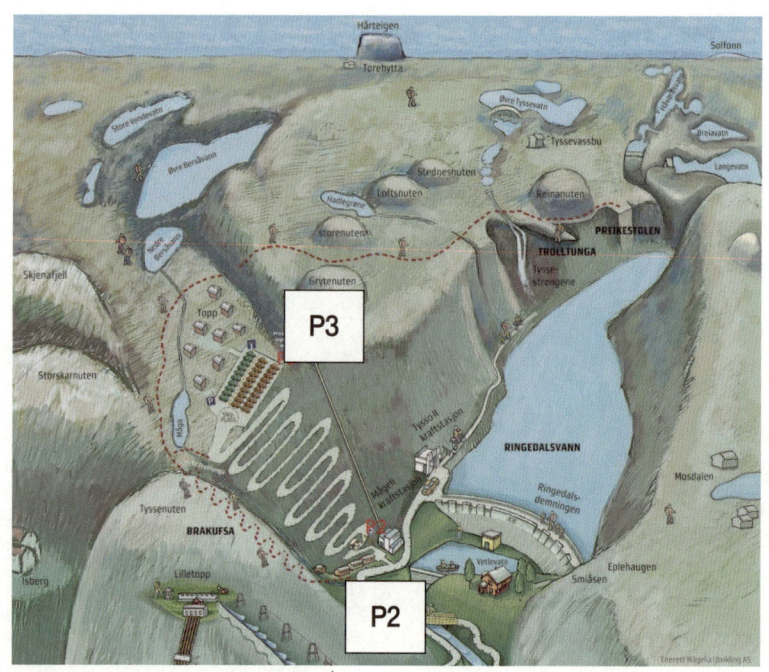

2) 여행지에서

(1일차) 몰타 → 빌룬 → 베르겐 → 오따

9시 40분 비행기여서 집에서 7시 반쯤 나섰다. 8시가 안 되어 도착해서 라희 님을 만나 같이 게이트로 갔다. 연희님이 조금 늦었다. 자그마한 면세점을 지나는 길에 빌라스 아빠인 Mads를 잠깐 만났다. 자기 친구랑 덴마크 집에 가는 길이었다. Mads 아버님이 위독하다고 아들을 통해 들었는데, 어떠냐고 물었더니 알츠하이머병이라 오랫동안 지병이라 좋아졌다 나빠졌다 한다고 했다. 역시 부자여서 그런지 제일 공간이 큰 앞좌석에 Priority로 일찍 탑승하였다.

베르겐 공항에 도착할 무렵 창밖을 내려다보았는데, 여태 본 도시랑 비교가 안 될 정도로 아름다웠다. 호수와 숲 등 자연과 집, 깨끗한 도로가 인상적이어서 노르웨이 여행의 기대감을 높였다.

　17시 베르겐 공항 도착 후 공항 2층(출발층)에 있는 허츠 사무실에서 차 키를 인수한 후 옆 건물 내 주차장에서 차를 인수하였다. 연희님이 환전을 조금 하였는데, 나중에 깨달은 사실이지만 환전이 전혀 필요 없었다. 단지 숙소에서 샤워할 때 필요한 동전 정도만 있으면 된다. 나머지는 신용카드로 모든 게 계산 가능하였다. 공항에서 10분 거리에 있는 아시안 마트와 현지 마트에 들러 라면과 먹거리를 샀다. 노르웨이에서 유명한 미스터 리 라면 또한 구매하였다.

　3시간 정도 차를 몰아 오따 숙소에 도착하였다. 숙소에 주차장이 없어 2~3분 거리 공용 주차장에 주차하고 숙소에 들어가니 생각보다 깔끔하였다. 도미토리 룸이라 10여 개의 침대에 제법 많은 사람들이 있었다.

룸 안에 욕실과 주방이 따로 딸려 있어 나름 편하였다. 베르겐에서 유학한다는 여대생들과 스몰토크를 하였다. 동양에서 온 듯한 한 여학생은 한국말도 제법 알았다.

내일 아침 산행이 예정되어 있어 늦은 저녁을 먹고 씻고는 얼른 일찍 잠을 청하였다.

(2일차) 트롤퉁가 → 플롬

아침을 어제 산 간단한 비빔밥을 데워 먹고, 사과도 디저트로 먹고 6시 조금 넘어 숙소에서 출발하였다.

트롤퉁가 주차장 P2에 7시가 조금 안 되어 도착하였다. P2에 등산용품 임대하는 곳이 7시부터 문을 연다 하여 조금 기다리다가 등산화랑 폴대를 빌렸다. P2에서 통행료를 200크로네를 받는다고 알고 있었는데, 지불하지 않았는데 그냥 통과되었다. 재수다.

P3에 주차하고 7시 30분부터 등반을 시작하였다. 한국과 다른 산 정세에 감탄하며 사진을 찍어가며 트롤퉁가 정상에 도착하였다. 11시 20분 정도였다. 4시간가량 걸렸다. 중간에 사진 찍고, 간식 먹고, 쉬기도 하였는데, P3에서 트롤퉁가까지 편도 10.2Km 거리인데, 성인이 1시간에 4Km정도 걷는다고 하는데, 2시간 반 거리이지만 중간중간에 오르막이었고, 눈길도 있었으니 그 정도면 선방하였다.

유랑 카페에서 등산하는 게 힘들다는데, 내 경험상 설악산 정상(오색에서 출발)까지나 지리산 정상(최단거리)까지의 등산보다는 많이 쉬운 느낌이었다. 설악산과 지리산은 계속 오르막이라면 투롤퉁가 가는 길은 처음에 한 번 큰 오르막이 있고, 나머지는 능선인 평지를 따라가는 정도라 크게 힘들지는 않았다. 힘들었다는 분들은 평소 등산을 해 보지 않은 분들일 것이다. 코스 중간중간 계곡물(빙하물)을 받아 마셨는데, 노르웨이에서 마신 물 중에서 제일로 상쾌한 맛이었다.

트롤퉁가에 도착하니 벌써 사람들이 사진 찍으려고 줄을 20~30명 이상 길게 서 있었다. 유럽 사람들은 사진 찍을 때 쉬엄쉬엄 뒷사람 그렇게 신경 쓰지 않고 5분 이상을 소요하였다. 1시간 20분을 기다려서 우리도 사진을 찍었다.

12시 50분에 하산을 시작하여 16시 30분에 P3에 도착하였다. 3시간

40분 소요되었다. 6월 중순이었는데도 등산로에 눈이 40% 정도 있는 듯 했고, 아이젠 없이 등반하는데 무리가 없었다. 나이가 젤 많은 라희 님이 등산을 제일 잘하였고, 내가 젤 느렸다. 애초에 여자 두 분을 데려가는 걸 걱정할 게 아니라 내 체력을 걱정했어야 했다.

여자분들이 숙소에 과일이랑 음료 등을 냉장고에 넣고 아침에 챙겨오지 않았다고 해서 다시 숙소로 돌아가 먹거리를 챙겨 차에 다시 싣고 플롬으로 출발하였다. 미리 숙소에 메시지를 보내 챙겨 달라고 부탁했고, 친절히 응대하여 음식을 챙겨오는 데 지장이 없었다.

플롬으로 가는 운전이 등산 후 피곤할까 봐 걱정하였는데, 등산과 운전은 좀 달라 그렇게 피곤하지 않았고, 3시간 걸려 도착하였다. 다만 플롬 숙소 가는 길에 도로와 터널이 공사로 인해 막혀서 시간이 지체되었다. 다른 차량의 운전자들은 그냥 그러려니 지켜만 보고, 1시간이 흘러도 기다리기만 하는 유럽인들이 신기하였다. 나는 답답해서 앞에 관계자에게 언제쯤 Open하냐며 재촉하였다. 터널 앞에서 기다리다 도로 옆에 주유소와 편의점이 있어 주유소에 들러 기름을 채웠다. 다 채워 갈 무렵 라희님이 옆 편의점에서 간식거리 좀 먹자고 하였다. 막 터널이 열리는데… 하는 수 없이 편의점에 들러 소시지를 사 먹었다. 사 먹고 나니 다시 터널이 닫혀 1시간을 기다렸다. 난 기다리다 너무 짜증이 나 한마디 하였다. 다음부터는 소시지 먹자고 안 할 거죠? 이 한마디에 라희님 표정이 싹 변하였다. 여행 2일차에 생긴 갈등이 어디까지 갈 것인지? 암울한 구름이 저 멀리서 몰려왔다.

연희님은 원래 친구가 산티아고 순례길 가자고 제의가 왔었는데, 순례길은 하루에 20~30km를 가야 한다. 오늘 약 20km를 걷고 나니 안 가길 정말 잘했다며, 오늘 걸은 걸로 충분하다며 만족해했다.

(3일차) 플롬: 시내 구경→스테가스타인 전망대→송달→55번 도로

숙소에서 아침으로 가져온 온 국 블록과 밥에 김치와 김을 먹고, 플롬 다운타운가로 갔다. 기차역이 있었으며, 관광객들이 제법 많았다. 미리 공부한 대로 점심을 플롬 베이커리에서 빵, 피자와 음료를 사 먹었는데, 역시나 모든 게 맛있었다. 전에 탔던 크루즈 종류와 비슷한 큰 MSC 크루즈가 정박해 있어서 굉장한 구경거리를 만들어 냈다. 크루즈에서 많은 관광객들이 쏟아져 나와 타운이 제법 붐볐다. 크루즈를 배경으로 사진 한 컷을 찍고 주변을 둘러본 후 스테가스타인 전망대로 향했다. 중간중

간 굉장한 경관을 자아냈다. 플롬이 피요로드 한 자락의 끝 지점이라 내륙과 바다가 만나는 지점에 도시가 형성되었다.

계획보다 많은 시간을 플롬 시내에서 소비하고 55번 도로를 따라 쭉 북쪽으로 향했다. 중간에 송달지역의 마트에 들러 장을 보았다. 미리 구글 맵에 표시한 위치를 따라 중간중간 View Point와 폭포 앞에서 주차하고, 구경하면서 이동하였기에 피곤한 줄 몰랐다. 노르웨이의 대자연을 보고 있으면 인간은 한없이 작은 존재라는 것을 느끼게 하였다. 산을 넘으면서 정상 부위에서 펼쳐진 산맥의 장엄함을 보고, 곳곳에 눈과 빙하가 있는 것을 보았고, 때때로 흐르는 물을 물통에 받아먹으면서 자연과 완벽하게 동화되었다. 아니 우리 인간은 자연의 작은 일부라는 것에서 벗어날 수 없다는 것을 깨달았다.

3일차 숙소는 제일 화려한 곳이었다. 제일 비싼 만큼 시설이 정말 좋았다. 층고도 높고 방도 큼지막했다. 밖에 테라스도 크게 있어서 플롬 베이커리에서 사온 빵과 아침에 만들어 놓은 샌드위치 그리고 과일과 술을 화려하게 펼쳐 놓고 저녁을 먹었다.

(4일차) 63번 도로: 달스니바 전망대 → 게이랑에르 전망대 → 트롤스티겐

아침에 호텔에서 주는 조식을 먹었다. 노르웨이 여정 중 오늘이 유일하게 차려진 조식을 먹는 날이다.

15번 도로를 거쳐 63번 도로로 들어섰다. 국도 63번 도로가 게이랑에르에서 트롤스티겐으로 이어지는데 노르웨이 NTR 중 가장 풍경이 좋기로 유명해서 골든 루트라고 불린다. 오늘 63번 도로 드라이빙이 노르웨이 여행의 하이라이트라고 동행자들에게 얘기하였다. Grotli와 달스니바, 게이랑에르 전망대를 거쳤다. 달스니바 전망대는 해발 1476m에 위치하는데, 전망대 중에서 유일하게 입장료를 받았다. 300크로네(약 4만 원)였는데, 입장료를 받을 만큼 전망대에서 게이랑에르 쪽 전망은 아주 훌륭하였고, 꼭대기에 Skywalk, 기념품샵, 화장실 등의 시설이 갖춰져 있었다.

플리달스유벳 전망대에서는 달스니바 전망대에서 본 게이랑에르 피요로드를 더 가까이서 볼 수 있었다. 외르네스빙엔 전망대에서 보이는 게이랑에르 피요로드와 계곡에서 떨어지는 폭포를 바라보고 있으면 운전으로 인한 피곤이 싹 가시고 여기까지 온 보람을 느낄 수 있었다.

63번 도로의 마지막 하이라이트 트롤스티겐(요정의 사다리)에 이르렀다. 트롤스티겐 전망대에는 관람 데크가 있는데, 노르웨이 건축가 라이울프 람스타드(Reiulf Ramstad)가 설계하였다. 트롤스티겐은 1936년 개통하였는데, 11개의 지그재그 헤어핀 도로가 있는데 그 가운데 스티폭포(Stigfossen Waterfall)가 있다. 1차선 도로를 운전하는데 스릴이 있고 세상에서 제일 위험한 도로 2위라는 말도 있다. 여름철에만 도로를 개통한다.

노르웨이 여행의 하이라이트인 NTR(National Tourist Route) 55번과 63번 도로 드라이빙은 세계 어디를 가도 느껴보지 못하는 자연환경이었다. 자연으로 치자면 스위스도 저리 가라는 말이 왜 나왔는지 알게 해주었다. 장엄하다는 표현의 100배에 어울리고 정말 어딜 가서도 사진을 찍으면 광활한 자연을 사진에 다 담을 수 없다고 한탄하였다. 차량도 가끔 페리에 싣고 피요로드를 건넜고, 터널도 세계에서 이런 곳을 처음 보았다. 터널 안에 교차로도 있고 갈림길도 있었다. 피요로드가 많은 노르웨이에서 페리는 도로의 일부 역할을 하였다. 2개의 페리가 왔다 갔다 하며 차를 실어 날라 주었고 많이 기다리게 하지도 않았다.

트롤스티겐을 뒤로 하고 숙소로 향했다. 숙소에 도착하니 완전 캠핑장이었다. 우리 숙소 뒤를 보니 커다란 화로와 그릴 등 바비큐 시설과 야외 탁자 그리고 장작나무 등이 널려져 있었다. 바로 고기 구워 먹자는 얘기가 나왔고, 저녁 8시면 술을 팔지 않는다고 어제 들어서 여자 두 분은 고기, 야채, 맥주 등을 사러 가고 나는 불을 피우는 역할을 맡았다. 토치가 없어서 불을 피우기가 쉽지 않았다. 우선 거실에 있던 작은 무드용 초 여러 개를 성냥으로 켜서 받쳐 놓고 작은 나무에다 불을 옮겨 붙게 하고 점점 더 큰 장작에 불을 붙였다. 불이 제대로 타자 여자분들이 돼지 목살과 소고기, 버섯과 야채, 맥주 등을 사서 왔다. 몰타에서 고기 쌈장을 안 챙겨 왔는데, 라희 님이 마트에서 비슷한 고기 소스 맛을 내는 스리라차를 사서 왔다. 제법 한국의 매운맛과 비슷한 맛을 냈다. 노르웨이까지 와서 고기에 맥주를 먹다니 너무 행복하였다.

(5일차) 63번 도로: 게이랑에르→헬레쉴트→로엔

다음 날 원래 평소에 저녁을 많이 먹지 않던 라희 님이 전날 과식으로 배탈이 났다. 아침 일찍 인근 안달스네스 시내에 가서 약을 사 가지고 왔다. 63번 국도를 다시 백하여 일부러 게이랑에르로 돌아갔다. 유명한 게이랑에르-헬레쉴트간 페리를 타기 위해서다. 페리 비용은 성인 3명에 차 1대 가격으로 1380크로네(약 18만 원)였다. 이곳 페리만 우리가 탄 페리 중에서 승선 전 요금을 받았다. 유명한 구간이어서 그런지 한국 사람들도 제법 있었고, 페리에서 한국어 방송도 해 주었다.

여기 구간에는 유명한 7자매 폭포가 있다. 길게 늘어뜨린 여자의 머리를 닮아 붙여진 이름인데, 한 청년이 일곱 자매에게 차례로 구혼을 했으나, 모두 거절해서 일곱 자매는 미혼으로 남고, 구혼자는 상사병으로 맞은 편 구혼자 폭포가 되었다는 전설이 있다. 게이랑에르 유람선은 유명한 만큼 정말 타 보기 잘했다고 생각될 정도로 절경의 연속이었다.

숙소로 가는 길에 마트에 들러 오늘도 고기와 야채 그리고 연어도 샀다. 숙소가 캠핑장이어서 기대가 많았다. 하지만 숙소가 전날보다도 못했다. 다만 로바트네트 호수 전망이 쫙악 펼쳐졌다. 실내에서 고기와 연어를 굽고 국수도 먹었다. 야외 테이블에서 호수를 보며 맛있게 먹었다. 여태 모든 숙소에서 본 전망이 훌륭하였다. 라희님이 배탈이 난 관계로 연희님과 나만 맥주를 곁들여 먹었다. 세상 부러운 게 없었다. 식사를 하고 소화를 할 겸 호수 주변을 살짝 걸었다.

(6일차) 로엔: 로바트네트 호수 → **플롬:** 하이킹

오늘 호벤산 등반과 정상에 있는 레스토랑에서 탁 트인 전망과 함께

점심 식사를 하려 했으나, 라희 님이 아픈 관계로 대신 호수 주변과 캠핑장을 둘러보았다. 마침 캠핑장에서 만난 가족에게 말을 걸었다. 노르웨이 출신인데 미국에서 사는 노부인과 그 자녀 가족들 10여 명이 캠핑을 와서 호수에서 애들은 수영도 하고 아빠는 낚시도 하고 있었다. 보아하니 우리 캐빈에는 없던 바비큐 그릴도 캠핑장 앞에 있었다. 노부인 신랑에게 바비큐 화로를 어떻게 준비했냐고 원래 있던 것이냐고 물었더니 미국인 특유에 농담을 치면서 어제 쇠로 달구어서 만들었다고 한다. 원래 있던 것이었다. 카 캠핑장은 바비큐 시설을 갖추어 놓고 있었다. 시설 관리자에게 물어보니 캐빈은 옆에 나무가 많아 산불 날 우려가 있어서 바비큐를 금지한다고 하였고, 카 캠핑장은 바로 호수 앞이어서 허가 한다고 했다. 연희님은 영어가 학원에서 나보다 한 레벨 아래였지만, 특유의 활발함, 사교성과 열정으로 이래저래 외국인들 만나면 살갑게 대하고 말도 잘 붙였다.

체크아웃하러 관리동에 가는 길에 웬 젊은 서양인 여자가 나를 보며 미소를 지었다. 계속 미소를 보내기에 나에게 반했나? 젊은 여자의 미소에 황홀해하며 '난 가족이 있는데 어떡하지?' 하며 짧은 순간 여러 고민과 함께 상상의 나래를 펼쳤다. 하지만, 생각보다 빠른 것은 행동(말)이었다. 키를 반납하고 나오는데 다시 미소를 짓기에 말을 붙였더니 로엔 시내까지 차를 태워 줄 수 있냐고 물었다. 어디에서 왔냐고 물으니 프랑스 여자였다. 조금 뒤에 있던 남자친구가 눈에 보였다. 최종 목적지가 어디냐고 물어보니 우리와는 다른 지역이었다. 하지만 2시간 정도는 같은 방향이라 헤어지는 지점까지 태워 주겠다고 했더니 고맙다고 한다.

프랑스 대학생 커플인데 차에서 이런저런 얘기를 나누었다. 방학 기간에 유럽 배낭여행 중이라고…. 자기들은 배낭에 침낭과 텐트를 넣고 도시 간 이동할 때는 히치하이킹을 한다고 했다. 유럽에서는 흔하다고 한다. 하지만 한국에서 히치하이킹은 흔치 않다고, 대중교통이 잘되어 있어서 그렇다고…. 여대생이 파리지앵이라길래 궁금한 걸 하나 물어보았다. 프랑스인들이나 파리지앵들도 명품 가방 같은 것을 쇼핑하냐고. 그러자 자기뿐만 아니라 자기 엄마도 명품 가방은 없다고 했다.

중간에 서로 갈림길에 도달할 무렵 대학생 커플은 목적지를 바꾸어 같이 플롬으로 가겠다고 했다. 자유 배낭여행이라 즉석에서 여행지를 변경하는 게 가능한 모양이다. 하기야 또 갈림길에서 히치하이킹 구하기가 쉽지 않을 터, 차를 얻어 탄 김에 계속 있고 싶었던 모양이다. 나도 대학생 때 프랑스에서 자원봉사 했던 경험이랑 좋은 추억이 있어서 애들에게 친절을 베풀어 주고 싶었다. 플롬 숙소에 먼저 도착해서 우리 짐을 숙소에 넣고 프랑스 커플을 태우고 플롬 시내에 데려다주었다. 마지막 작별 인사를 하였다.

　플롬 기념품샵에 들른 후 베이커리에서 빵과 음료를 먹었다. 주위를 둘러본 후 피요로드 주변을 산책하고, 하이킹 코스 중 최고라는 C코스를 걸으러 갔다. 이 코스를 가보니 2일 차에 묵었던 우리 숙소 뒷길이었다. 라희 님이 2일차 숙소에서 자고 다음 날 아침에 일찍 깨어 주위 산책을 하다 사람들이 뒤쪽으로 트랙킹 하는 걸 많이 보았다 했는데 C코스가 이 숙소 뒤였다. 브레켄 호수도 보고 쭈욱 걸어가니 잔디 마당이 있는 집들이 옹기종기 있고 멀찌감치 대자연도 펼쳐져 있었다. 가족이랑 왔으면 이렇게 많이 걷지는 못했을 것이다. 이런저런 사는 얘기들을 하며 산책 코스를 가볍게 걸었다. 숙소에 돌아와 피요로드 뷰에 짜장라면을 먹으며 맥주를 곁들였다. 2일차 숙소부터 6일차까지 숙소 뷰는 정말 환상적이었다.

(7일차) 플롬: 플롬바나 산악열차 → 베르겐: 수산시장, 플뢰엔산, 브리겐

아침을 가지고 온 국블럭에 밥을 말아먹고 체크 아웃을 하고 플롬 시내로 향했다. 3번째 플롬시내였다. 플롬에서 뫼르달 역까지 20km 정도를 운행하는 플롬바나 산악열차는 유명한 관광열차여서 한국 단체 관광객들도 제법 많이 보였다. 성인 3인 왕복으로 2040크로네(약 26만 원)을 지불하고 왕복 2시간 정도를 탄다.

나는 열차에 타기 전에 일행에게 '우리가 55번, 63번 도로에서 너무 거대한 자연을 보았기 때문에 플롬바나 산악열차가 세계 최고의 산악열차니 뭐니 해도 눈에 안 찰 것이다.'라고 미리 기대치를 낮추었고, 역시나 우리가 드라이빙 하며 본 것만큼은 안 되었다. 창문으로 계곡과 협곡 등의 장관을 보고 중간에 효스 폭포에서는 기차가 5분간 정차하여 사진 찍을 시간을 주었다. 폭포 물길에 물방울이 너무 튀어 오래 나가 있지는 않았다. 기차 안에서 보고 있는데, 음악이 나오더니 효스 폭포 옆으로 홀드

라라는 요정이 음악에 맞춰 춤을 추고는 들어간다. 홀드라 요정은 신화에 나오는 요정인데, 밤에 지나가는 남자들을 음악과 미모로 홀려서 데리고 들어간다. 그리고 그 남자들은 사라졌다는 전설이 있다. 음악은 노르웨이 전통음악인데 우리나라 정서랑 비슷한 부분이 있었다.

연희 님은 돌아오는 길에 잠까지 잤다. 비싼 기차표인데 구경하지 않고…. 마트에서 장을 잠깐 보고 플롬 베이커리에서 마지막으로 빵을 먹고 기념품점과 옷 가게에서 마지막 쇼핑을 하였다. 나는 북유럽이 추우니 겨울 방한 옷이 튼튼할 것이라 생각하여 아웃도어 자켓을 10여만 원에 하나 구매하였다. 스칸다나비안 익스플로러 메이커 제품이다. 그리고 차를 타고 마지막 여정인 베르겐으로 향했다.

베르겐 숙소에 도착하자 우리는 노르웨이 여행 중 처음으로 실망하였다. 숙소를 싸게 예약했더니 도시라서 그런지 너무 볼품없었다. 뷰도 그렇고 방도 좁았고, 요리도 해 먹을 수 없을 정도로 인덕션만 있고 냄비나 조리도구가 없었다. 이내 정신 차리고 리셉션에서 냄비와 포크를 빌려 비빔라면을 해 먹었다.

베르겐은 노르웨이 제2의 도시이고, 예전에는 수도였었다. 제법 도시 규모가 컸다. 마지막 날이라 도시 구경을 하기로 했다. 수산시장(Fishmarket)에 갔더니 이것저것 시장처럼 팔았다. 우리는 자리에 앉아 생연어와 통새우를 시켰다. 노르웨이 여행에서 마트에서 사 먹었던 연어보다 훨씬 맛있었다. 다들 여기 시장에 와 보길 잘했다고 했다. 연희

님이 노르웨이 여행에서 내가 내 일생에서 여행한 곳들 얘기를 들려줬더니 계속 나보고 부자라고 하기에 하는 수 없이 옆에 있던 디저트를 공용자금이 아닌 내 돈으로 사 주었다. 와플에 딸기와 포도, 아이스크림 올려놓은 디저트를 먹으며 당을 충전했다.

베르겐 시내 전망을 보러 서울의 남산 격인 플뢰엔산을 오르기로 했다. 벌써 저녁 8시가 넘어 12시 전에 숙소에 들어갈 생각으로 구글 맵에 플뢰엔산 내 적당한 View Point를 찍어 오르기 시작하였다. 두 분 다 잘 걸어 걱정이 없었다. 하지만 내가 제일 등산에 약했다. View Point 2, 3 군데를 가도 베르겐 시내 전망이 잘 안 들어왔다. 10시 반 정도 되자 내가 이번 노르웨이 여행은 여기까지만 하자고 하자, 두 여성분은 '아니에요. 온 김에 정상까지 가 봐요.'라고 했다.

이 늦은 시각에도 계속 등산하는 사람들이 있었다. 중간에 더 올라가다가 나는 힘들어서 내려가자고 했지만, 두 사람은 요지부동이다. 끝까지 가자고 한다. 나는 내려가서 차를 산 가까이에 주차하고 기다리겠다고 하자 두 사람은 그래도 올라가기 시작했다. 5분 정도 내려가다가 차 키를 연희 님에게 맡긴 것이 생각나고, 여기까지 왔는데 좀 더 좋은 곳 보고 가자 싶어 다시 정상으로 걸음을 옮겼다. 조금 있어 톡이 왔는데, 조금만 더 올라오면 된다고, 안 오면 후회한다고 말을 한다. 10여 분 걸어가자 정말 오기 잘했다는 생각이 들 정도로 베르겐 시내랑 피요로드가 쫘악 펼쳐져 있었다. 여기서도 광경을 카메라에 다 담을 수 없었다.

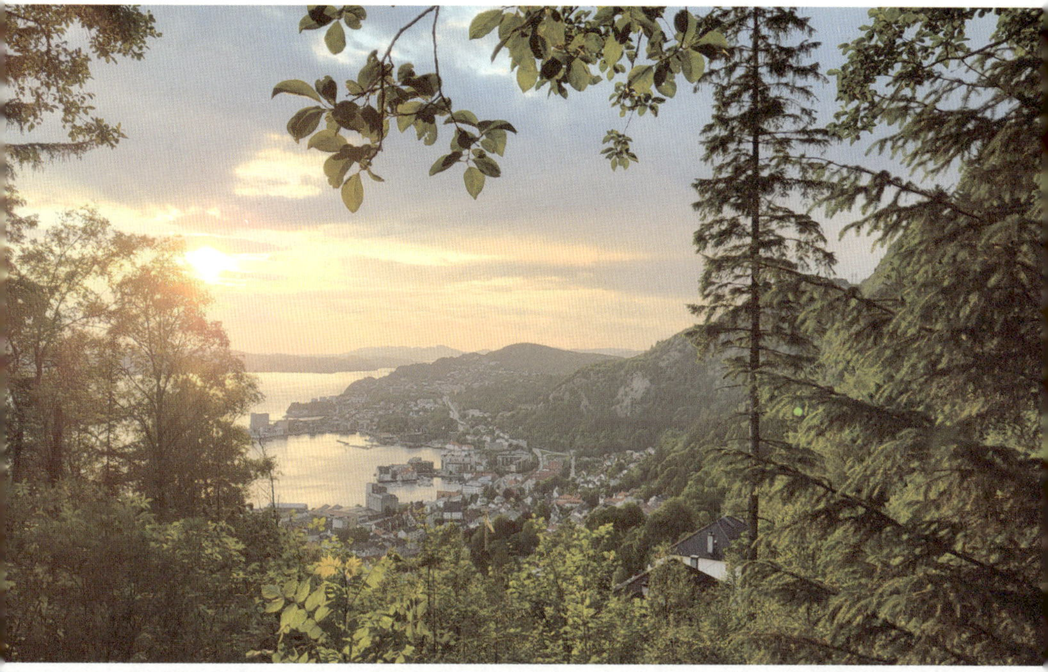

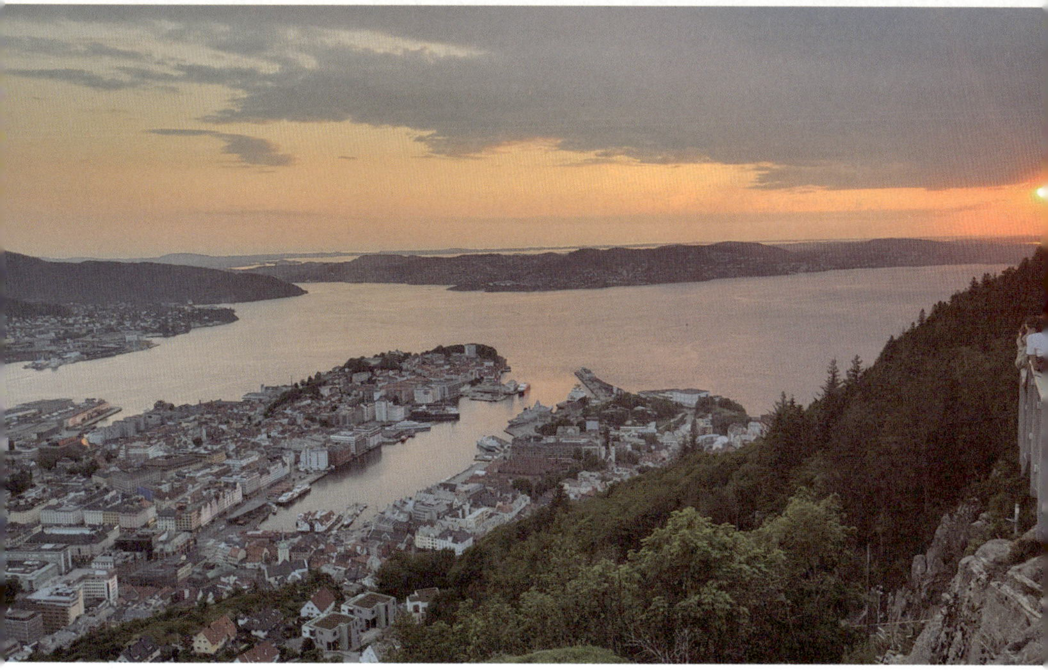

노르웨이가 여름철에는 백야라 밤 12시가 되자 노을이 지기 있었다. 해가 바다 뒤로 떨어지는 광경을 보고 산을 내려왔다. 주차장으로 가는 길에 오래된 중세 시대 목조건물이 모여 있는 브리겐도 들러서 중세시대 느낌을 잠시 느끼고 숙소로 돌아왔다.

베르겐에 도착 후 숙소를 보고 베르겐에 안 좋은 인상이 생길 뻔하였지만, 저녁 먹고 베르겐 시내와 전망을 보고서는 인상이 싹 바뀌었다. 시내 관광을 나오기 잘했다며 다들 입 모아 서로를 칭찬했다.

(8일차) 베르겐 → 크라쿠프 → 밀라노 → 몰타

아침으로 간단히 남은 음식을 먹고 공항으로 향했다. 10시 베르겐에서 출발하여 두 군데 경유하여 몰타로 향하는데, 폴란드 크라쿠프에서 45분, 밀라노 말펜사 공항에서 65분 경유 시간이 있었다. 12시 20분 크라쿠프에 도착해서 다시 짐 검사를 하여 자가 환승을 하여야 했지만 시간 내에 환승할 수 있었다. 짐 검사할 때 물통에 물이 한 통 있었는데, 스캔해서 액체가 나와 버리려고 하니 버릴 곳이 없었는지 검사관이 다 마시라는 것이다. 태도도 약간 강압적이어서 한 번에 다 마셔 버렸다. 노르웨이의 깔끔하고 여유 있는 공항과 친절했던 환경에서 폴란드 공항으로 오니 지저분하고 불친절한 느낌이 확연히 들었다. 우리가 좋은 곳에 있다 와서 상대적으로 그렇다며 서로를 위로하였다. 25분 출발이 지연되었고, 밀라노 공항에 3시 20분쯤에 도착하였다. 밀라노에서도 서둘러 45분 만에 환승하여 몰타에 6시쯤에 무사히 돌아올 수 있었다.

3) 감상

　우리 여정은 노르웨이 4대 피요로드(뤼세, 하르당에르, 송네, 게이랑게르) 중 뤼세를 제외한 3개 모두를 커버했다. 하르당에르는 베르겐에서 시작하여 트롤퉁가 바위에서도 보았고, 송네 피요로드는 노르웨이에서 가장 길고 깊은 피요로드이다. 길이 약 204km, 1300m 깊이. 플롬에서 차로 30분 거리인 스테가스타인 전망대에서 전망이 가장 유명하다. 게이랑게르 피오르드는 63번 도로 중에서 볼 수 있었고, 우리는 게이랑게르에서 헬레쉴트간 페리로 또한 유람하였다. 여행 일정을 잘 세웠다며 칭찬하였고, 다녀와서 동행분들은 우리 일정표를 자신들의 지인들에게 전파하였다.

　우리 세 명은 각자 역할 분담이 자연스레 정해졌다. 나는 가이드와 운전을, 라희 님은 음식을 책임졌다. 연희님은 총무와 두 사람의 백업이었다. 지출을 꼼꼼히 기록하였고, 가끔씩 운전을 보조하였고, 요리할 때는 라희 님은 도와 보조하였다. 셋의 역할 분담은 완벽하였다. 여행 2일 차에 소시지 사건으로 얼굴을 조금 붉혔지만, 나중에는 이를 가지고 웃으며 회상하는 여유까지 부렸다.

　노르웨이 자연을 정복하겠다고 했지만, 나는 졌다. 완벽한 나의 패배다. 정복하고자 온 상대를 내 입으로 묘사할 수조차 없었다. 내가 한평생 무슨 짓을 해도 이 거대한 자연은 조그마한 움직임도 보여 주지 않을 것 같았다. 자연 앞에서 인간은 한없이 작은 존재임을 깨닫게 하였고, 장엄한 경관을 카메라에 담기에 부족하였다. 이런 자연을 인간의 언어로 표현하기에도 부족하였다. 다만 내가 유럽 여행 중 Top으로 꼽는 스위스랑 다른 점을 언급하자면, 스위스는 알프스 산과 폭포도 노르웨이처럼 거대한 면이 있지만, 때때로 사람들이 사는 마을들이 옹기종기 있어 뭔가 자연과 인간의 조화가 느껴졌다. 하지만, 노르웨이에서 우리가 간 곳은 너무 거대한 자연에 옹기종기 모여 있는 마을도 드물어 인간의 미약한 존재를 너무 느끼게 하여 허무함이나 외로움이 느껴졌다.

동행한 두 분은 노르웨이가 너무 좋았다면 평생 여행 중 탑이었다며 감탄을 마지않았다. 난 이번 노르웨이 여행을 통해서 내 성향을 좀 더 알게 되었다. 완전하게 자연으로 둘러싸인 곳보다 사람의 문명과 어울려 있는 자연을 좋아한다는 것이다.

노르웨이에서 주유 시 주유기에서 카드로 맥시멈으로 결제 후 시간이 지난 후 정산되기에 잘못하면 카드 한도를 넘게 되어 신용카드 사용이 불가하게 된다. 하지만 카운트에서도 주유 금액만큼만 결제가 가능하기에 우리는 항상 카운트에 미리 얘기해서 몇 번 주유구를 열어 달라 하고 주유한 금액만큼만 결재를 하였다.

전 여정을 같이 하기에 동행자와 많은 얘기를 하게 된다. 나는 일부러 라희 님의 연애 얘기 듣는 것을 피했지만, 연희님은 라희 님의 연애관과 인생에 관해 인생 선배로서 대하며 여러 조언을 들었던 것 같다. 나는 운전 시 옆자리에 앉은 연희님과 많은 얘기를 했는데, 내가 평소에 궁금하게 여기던 것들 중 2가지 의문에 답을 얻었다.

　지리 선생님이기에 먼저 유럽의 햇살은 왜 한국보다 더 강하고 하늘이 맑냐고 물어보았다. 같은 북반구에 위도도 비슷한 지역임에도 왜 그러냐고…. 그러자 연희님은 유럽의 여름은 좀 더 남쪽의 아프리카에서 건조한 공기가 몰려와 한국보다 습기가 없기에 대기 중에서 햇살을 산란하지 않아서 햇살이 좀 더 강하다고 말했다. 다른 부가적인 이유들도 있지만 이 이유가 주된 이유라 했다.

　또 하나로, 입시를 앞둔 학생들의 선생님이기에 왜 우리나라는 학생부종합전형이라는 걸 만들어 공정하지 않은 입시제도를 계속 유지하느냐고 물었다. 예전 학력고사 세대처럼 점수에 맞추어 그 대학 학과에 들어가는 게 제일 공정한 게 아니냐구, 있는 부모 밑에 크는 자식들은 누구처럼 대학총장상도 받을 수 있고, 석박사도 쓰기 힘들다는 유명학술지에 논문 저자도 될 수 있고, 이런 게 다 학종이 있기에 그런 거 아니냐며 이런 제도들은 다 강남 애들을 위한 게 아니냐며 요즘 지방에서 서울대나 의대 가기가 예전보다 더 힘들어졌다고 물었다.

　그 연희 선생님 왈, OECD 국가 중에서 시험 하나로 대학가는 국가는 일본과 우리나라밖에 없었다고 한다. 그 와중에 일본도 얼마 전에 그 제도를 바꾸었다고 한다. 학생을 가르치는 선생님이 보기에 친구들과 교유 관계도 좋고, 나눌 줄도 알고 학교에서도 모범생으로 지내는 학생을 좀 더 좋은 대학에 보내고 싶은 거지, 단지 성적만 좋은 애를 좋은 대학에 보내는 것은 아니라는 것이다. 성적만 좋은 애는 강남에서 사교육 받고 공부만 하는 애들이라는 것이다.

그나마 대학총장상이랑 논문 저자에 이름 올리는 것은 학종 도입한 초기 1, 2년에 걸쳐 그런 것이지 이제는 그러지 않는다는 것이다. 그래서 학종에 좋은 성품의 아이들을 보내기 위하여 그런 얘기들을 적고, 반대인 애들은 대학 입학처도 알 수 있는 문구를 써서 가린다는 것이다. 부차적인 문제로 학부모가 왜 내 아이의 학종에 이런 평을 남겼냐고 고소를 할 수 있어 애매한 문구를 써서 대학에서는 그런 글이 무슨 의미인지 알 수 있다고 한다. 대학 입시 교육에 대해 아는 전문가들은 대부분 시험 성적보다 학종으로 뽑는 게 옳다는 것이다. 수능 성적으로만 대학에서 뽑으면 현재 강남 애들을 더 따라갈 수 없다는 것이다. 듣고 보니 옳고, 내 생각의 지평이 넓어지는 것을 느꼈다.

노르웨이 여름이지만 북유럽이라 조금 추울 수도 있을 것으로 예상하여 경량 패딩까지 준비해 왔지만, 우리나라 6, 7월 여름처럼 덥고 낮에 반팔을 입고 돌아다닐 때에는 땀이 났다. 노르웨이에서는 물이 깨끗하여 어디에서나 수돗물을 받아먹어 비용을 조금이나마 절감할 수 있었다.

노르웨이 미스터 리 라면은 한국의 라면처럼 매콤한 맛은 없었지만, 담백하게 먹을 수 있었다. 이 라면은 노르웨이 최고의 라면 브랜드이고, 한국인 노르웨이 라면왕 이철호 회장이 생전 라면을 통해 한국을 알리고 양국 간 다리를 놓았던 노력을 기리기에 노르웨이에 가면 한번은 먹어 보려 했다. 이철호 회장은 한국전쟁 당시 미국 캠프에서 구두닦이로 일하던 중 폭격으로 부상을 입었는데, 당시 한국에서는 치료할 수가 없어서 한 노르웨이 의사가 그를 노르웨이로 데리고 가서 치료, 그 소년은 노르웨이에서 살아남아 온갖 어려움을 겪은 후 요리사를 거쳐 나중에 라면을 만들게 됐다고 한다. 노르웨이 방문하는 한국인이라면 이철호 회장의 일생을 한 번쯤 읽어 볼 필요가 있다.

한국으로 돌아오는 비행기에서 어벤져스 블랙 위도우(2021) 영화를 봤는데 노르웨이 배경이 잠시 나왔다. 여주인공이 복잡하고 번잡했던 삶을 정리하고 잠시 자연 속에서 휴식을 취하는 장면의 배경으로 나오는데, 노르웨이 자연은 삶에 있어서 괴로움을 잊기에 이보다 더 좋은 곳은 없을 것이라는 데 찬성이다.

몰타에 들어온 며칠 후 우리는 비용도 정산하고 후기도 나눌 겸 한 번 더 모임을 가졌다. 기억에 남을 만큼 좋은 동행과의 알찬 여행이었다.

에필로그

연수를 끝내며

 몰타에 오기 전 최소한 목표를 3가지 이상 정하고 왔다. 먼저 회사에서 지친 심신을 위로하는 것인데 몰타에 와서 5, 6개월 생활하고, 유럽여행을 다니니 그동안 회사에서 받은 스트레스와 미국 유학 관련 아쉬움 등 지친 마음이 사르르 사그라드는 것을 느꼈다. 지친 마음을 위로하는 첫 번째 목표는 120% 달성하였다.

 두 번째로 가족 모두의 영어 능력 향상이었다. 아이들은 95점을 줄 수 있다. 아내가 1년 가지고는 부족하다고 해서 나만 먼저 들어오고 아이들과 아내는 6개월 더 있었는데, 아이들 영어 말하는 것이 많이 늘고 친구들과도 스스럼없이 대화하고, 학교 성적표도 모두 최고점이 나왔다. 한국에 돌아와 영어학원에서 테스트를 받았더니 한국의 중학생 3학년 수준이 된다고 하였다. Returning 반으로 들어갈 수 있었다. 다만 미국, 영국, 캐나다 등 네이티브 국가가 아니라 몰타식 발음으로 공부하여 조금 염려되었다. 아내가 가끔씩 몰티즈가 길거리에서 영어로 말을 걸면 아내는 못 알아듣는데, 딸아이가 알아듣는다면서 신기해하였다. 아내도 어학원을 다니며 영어가 많이 늘어 90점을 줄 수 있다. 나는 기대보다 영어가 늘지 않은 듯했다. 고작 내 수준의 외국인과 소통할 정도이고 원어민 정도의 레벨과는 힘들었다. 몰타에서 IELTS 시험도 봤는데, 한국에서 볼 때랑 점수 차이가 없었다. 시험을 보려면 한국 강남에서 공부하는 게 더 효과적이라는 유학원 관계자 말을 들었다. 몰타에서는 스피킹 점수도 한국보다 더 짜게 주었다. 내 점수는 60점 정도다. 아내가 1년 정도 어학연수하면 그 정도 느는 것이 일반적이라고 위로해 주었다.

세 번째로 건강한 몸을 만드는 것이다. 첫해에 감기로 운동을 자주 못 했지만, 감기가 낫고부터는 아침 일어나자마자 해안 산책로를 도보와 달리기를 1시간가량 병행하여 감량과 뱃살 빼기에 도전하였다. 한국 돌아와서 건강검진을 하니 몰타 오기 전보다 5kg 빠지고, 당뇨 전 단계에 있던 당화혈색소와 콜레스테롤 수치가 현저하게 좋아졌다. 90점 이상을 줄 수 있다.

유럽 여행도 마음껏 하였다. 가 보고자 목표로 한 곳은 거의 다 가 보았다. 이탈리아 북부 돌로미티, 피렌체, 밀라노부터 시작하여 핀란드, 노르웨이, 런던, 파리, 크로아티아, 체코, 마르세유, 바르셀로나, 마드리드, 포르투, 남부 이탈리아와 이집트까지 주요 관광지는 다 둘러보았다. 크루즈 여행도 다녀왔다. 핀란드에서 오로라를 보고, 인근 스웨덴에서 쇄빙선 체험도 하였다. 런던에서 손흥민이 뛰고 있는 EPL 경기도 보고, 이집트 피라미드도 관광하였다. 한국으로 돌아올 때 이스탄불과 카타도키아를 가 보려 했으나 사실상 여행을 질릴 만큼 너무 많이 하여 여행 가기가 귀찮아질 정도였다. 그것도 그렇지만 터키 치안과 물가가 안 좋아졌다는 말을 듣고는 아예 취소하였다. 유럽 여행도 100점 줄 수 있다.

　+a (알파)로 얻은 것들이 있다. 내가 개인적으로 가지고 있던 트라우마에 대한 회피 방법을 찾았다. 몰티즈 선생님과 1:1 영어 과외 중 대화 주제를 트라우마에 대해 살펴보았고, 토의를 하던 중 나의 트라우마에 대한 회피 방법을 일부 찾게 되었다. 회사 진로에 대한 방향도 구했다. 굳이 진급을 무리해서 도전하겠다기보다는 물 흐르는 대로 가겠다는 나름의 답을 찾았다. 1년가량 몰타에 체류하면서 오기 전에 목표했던 것보다 더 얻고 돌아온 느낌이다.

　아내는 몰타에서 영어가 많이 늘었다고 한다. 아이 학부모들 사이에서 인싸일 정도로 연락 오는 사람들이 많았으며, 외국인 절친도 몇몇 생겼다. 아내는 영어가 능통하고 배려를 잘하니 외국인들도 영어도 늘릴 겸 친하게 지내려 하였다. 한 절친 가족은 한 번도 한국을 방문한 적 없지만, 여름휴가를 한국으로 아내를 보러 올 생각을 가지고 있다.

　아이들도 인종과 국경이 다르지만, 영어로 조금씩 소통을 늘리며 친구가 될 수 있음을 몸소 체득하였다. 아들은 축구를 하며 친해진 중국 친구 다니엘에게서 떠날 때 작별 인사로 축구공을 선물 받았다. 딸과 절친이 된 울리아나는 딸과 헤어지는 순간 몇 시간을 울었다고 나중에 그 엄마를 통해 듣고 가슴이 먹먹해졌다. 아들은 한국에 돌아와서 한동안 몰타 친구들을 그리워하며 눈물을 글썽거리며 슬퍼하였다.

몰타에서의 1년간의 삶은 아내와의 사이에 대해서도 다시 생각해 본 계기가 되었다. 한국에서 가장으로 사회에서 일하고, 아내는 주부로서 가정일을 살펴 서로가 분담이 되어 내가 가사일을 소홀히 하는 것을 당연시하였다. 아내도 이에 대하여 불만을 자주 토로하였지만, 때때로 회사 일에 지쳐 있는 나를 보며 바쁜 일상에 그럭저럭 넘겨 가며 지냈다. 하지만, 몰타에서 나도 일을 안 하게 되어서 아내는 가사일을 분담하자고 하였고, 나도 해보니 가사일이 마냥 쉬운 것만이 아님을 깨달았다.

몰타에서 줄곧 가사일을 게을리하는 나를 보며 아내는 스페인 톨레도에서 은퇴 이후에도 같이 행복하게 살자는 프로포즈를 거절하였고, 몇 번 가사일로 언쟁을 높인 적도 있었다. 한국에 돌아와 6개월가량 가족과 떨어져 있으면서 이를 반성하였고, 식사할 때 아내가 밥상 다 차릴 때까지 가만히 기다리는 보수적이고, 가부장적인 경상도 남자 스타일을 다듬었다. 가족들이 몰타에서 돌아온 이후 아내가 요리할 때나 청소할 때 기꺼이 도움을 주었다. 아내가 이를 보며 자신이 많은 것을 요구하는 게 아니라고, 자신이 가사일을 할 때 같이 한다는 느낌을 주어 행복하다며 결국에는 부부 사이도 한층 더 좋아지는 흐름을 타게 되었다.

돌아와서 다시 생각해도 몰타는 매력적인 곳이다. 몰타에 몇 번씩이나 연수 가는 사람들을 보았다. 50, 60대 분들도 영어를 배우러 여기까지 오는 사람들을 보았다. 유럽이나 남미 사람들도 영어를 배우러 몰타로 온다. 신혼 기간 아내와 함께 미국에서 몇 달간 생활하였는데, 미국보다 삶의 만족도가 높았다. 마트나 공원에 가더라도 자가용이 필요 없고,

여행할 수 있는 곳도 훨씬 다양하고 매력적이며, 물가, 치안, 의료도 생활하기에는 몰타가 더 훌륭하다. 몰타에서 돌아온 이후 아내와도 종종 얘기하는데 은퇴 후 다시 방문하여 여름철 6개월이라도 지내자고 했다. 한국에서는 크게 재미난 것이 없었는데, 몰타에서는 크게 사는 재미가 있었다. 여름철에 해변가로 걸어오다 락비치에서 수영하는 탑리스 유럽 여자들을 보거나, 세인트줄리안이나 슬리에마 해안로를 산책하다 펍에서 맥주 한잔하거나, 가까운 지중해 해변에서 수영하거나 맥주 한잔하면, 돈을 크게 들이지 않아도 행복하였다. 아내도 슬리에마 해안 산책로에서 키가 180이 넘는 유럽 남성들이 윗통을 벗고 뛰는 모습을 보니 좋았다고 한다.

몰타는 유럽인들의 휴양지이기에 발레타나 슬리에마, 세인트 줄리안의 거리를 걸을 때면 수많은 나라의 말을 들을 수 있다. 카페, 펍 등에서 일하는 사람들이나 택시 드라이버 등은 대개가 제3국 출신이라 영어를 못해도 미국이나 영국처럼 무시당하지 않고 적당히 의사소통할 정도이면 체류하거나 관광하는 데 문제가 크게 없다. 오히려 네이티브나 영어를 너무 잘하면 가게에서 일하는 사람과 의사소통이 안 되어 답답할 수 있다.

30대 초반의 한국에서 온 경찰 공무원은 몸도 좋고, 얼굴도 잘생겨 학원에서 인기가 많았다고 한다. 남미, 유럽의 여학생들을 여자친구로 번갈아 가며 만들었다고 한다. 어학원 같은 반에서 만난 50대 한국 여자분은 한국에서 사립학원을 경영하다 쉴 겸 몰타로 와서 영어 연수를 하였다. 한국으로 돌아갔는데 몰타에서 만난 몰티즈 남성이 보고 싶다고 하여 다시 몰타로 돌아와 몰티즈 남친과 같이 살고 있는 모습을 보았다.

아래는 우리 가족이 몰타에서 쓴 결산이다.

1년 연수 비용	실적(원)
Intensive English Program	1,200,000
출국 항공편(4인)	2,800,000
국내이사, 보험, 서류공증	4,100,000
초기 정착비 (환전, 숙박, 연간 스포츠, 택배, 교복, 방과후, 책)	4,500,000
아파트 렌트(월 1,200EUR)	16,000,000
초등학비	13,350,000
애들 사교육(방과 후)	3,000,000
어른 학비	10,200,000
생활비 (몰타 여행, 쇼핑 포함)	33,000,000
귀국항공편(1인)	800,000
전기, 수도료, 인터넷	1,600,000
가족 여행	26,000,000
개인 여행	6,000,000
명품 구매	8,800,000
총액	131,350,000

23년 6개월 추가 연수	실적(원)
아파트 렌트(월 1,300EUR)	11,400,000
초등학비(Outing, 수업비품)	7,300,000
써머스쿨(통학비, Outing)	2,000,000
애들 사교육(방과후, 23년)	1,400,000
아내 학비	1,300,000
생활비(몰타 여행, 쇼핑)	19,100,000
보험	530,000
귀국항공편(3인)	2,800,000
여행(아내 빈, 독일여행 포함)	4,100,000
총액	49,930,000

　언젠가 한번 아빠들 모임에서 다들 쓴 1년간의 비용을 얘기해 보니 우리만큼 여행을 많이 다닌 아영이네도 1억 2천 정도를, 온 지 얼마 안 된 영희네도 비용이 1년이 되면 1억가량 될 것 같다고 하였다. 다만 현아네만 여행도 한두 군데만 다녀오고 주거비와 생활비도 최소화하고, 외식은 전혀 없이 집에서 하고, 어학원도 가장 싼 Gateway 위주로 다녀 6, 7천만 원 정도 된다고 하였다.

　우리 가족 월 생활비 추정이 너무 어려웠다. 신용카드 결제일이 카드 쓴 월과 차이가 나고, 한국에서 주기적으로 나가는 비용이 있어 총 쓴 비용에서 역순으로 이것저것 제하고 나서 나머지를 생활비로 분류하였다.

　몰타에서 1년간의 생활 이후 난 내 마음속의 응어리 혹은 내 안의 장애물을 풀고 다음을 향해 나아갈 수 있게 되었다. 과거에 매몰된 나에게서 벗어나 할아버지께서 늘 말씀하셨던 '모든 것은 내가 마음먹기에 달려 있다.'는 지혜에 다시 다가갈 수 있게 되었다. 20대에 치열한 투쟁 속에서 지혜와 용기라는 자원은 쓰면 쓸수록 늘어난다는 것을 배웠다. 용기 내어 휴직하고 어린 아이들을 이끌고 미지의 유럽 대륙을 항해하였으니, 다음 항로는 어디가 되던 더 힘찬 항해가 될 것으로 믿는다.

현재를 즐기라는 말이 있는데, 이 말을 따르고 싶어 1년간 행복한 휴식을 취하였다. 돌아오니 소비한 비용 등으로 미래가 조금 걱정되기도 하였다. 현재를 즐기는 것과 미래에 대한 계획과의 적절한 조화가 필요함을 깨닫게 되었다. 또한 지난 1년간 몰타에서의 삶은 자신이 하고 싶은 것을 하는 게 얼마나 행복한 것인지를 깨닫게 되었다.

한국 사회가 그동안 바쁘게 열심히 공부하고 일하여 인적자산으로 이만큼 선진국으로 진입하였지만, 과거 개발 시대의 사고로는 21세기의 시대적 흐름에 부응하지 못한다. 성공지향적, 최고지향적인 공통된 목표로 가는 한 방향 문화 대신 나와 다른 삶과 다양한 가치를 존중하고 행복을 추구하는 문화를 형성하여야 한다. 한국 사람들은 일과 가정(행복)의 조화에서 일에 좀 더 초점이 맞춰져 있다. OECD 국가 중 자살률이 압도적으로 최고이고, 출산율은 최저인 한국인들은 과도한 일과 성공보다 이제는 행복해지는 것에 좀 더 가치를 둘 필요가 있다. 열심히 살다가 지쳐 있거나 혹은 일하다 번아웃이 왔거나, 삶의 변화가 필요하거나, 더 나아가 극한 생각을 할 정도로 힘든 상황이라면 또는 인생에서 한 번쯤은 간직하고픈 큰 추억을 쌓고 싶은 분이라면 몰타에서의 몇 개월 이상의 생활을 적극 추천한다.

몰타는 내가 찾았던 가장 현실적인 유토피아의 땅이었다. 따스한 햇살이 내리쬐는 연중 맑은 날씨와 더불어 자유로움이 넘치는 몰타에서의 삶은 구겨진 그대 마음을 자연스럽게 펴 주고, 그대에게 산다는 것이 얼마나 행복한 것인지를 깨닫게 해 줄 것이며, 충분한 휴식과 충만한 에너지를 돌려줄 것이다.

쌍둥이 아빠의

지중해 섬나라(몰타)에서 1년 살기

ⓒ Adam Oh, 2025

초판 1쇄 발행 2025년 6월 10일

지은이	Adam Oh
펴낸이	이기봉
편집	좋은땅 편집팀
펴낸곳	도서출판 좋은땅
주소	서울특별시 마포구 양화로12길 26 지월드빌딩 (서교동 395-7)
전화	02)374-8616~7
팩스	02)374-8614
이메일	gworldbook@naver.com
홈페이지	www.g-world.co.kr

ISBN 979-11-388-4352-2 (03810)

- 가격은 뒤표지에 있습니다.
- 이 책은 저작권법에 의하여 보호를 받는 저작물이므로 무단 전재와 복제를 금합니다.
- 파본은 구입하신 서점에서 교환해 드립니다.